FINLANDÊS

VOCABULÁRIO

PALAVRAS MAIS ÚTEIS

PORTUGUÊS
FINLANDÊS

Para alargar o seu léxico e apurar
as suas competências linguísticas

3000 palavras

Vocabulário Português-Finlandês - 3000 palavras

Por Andrey Taranov

Os vocabulários da T&P Books destinam-se a ajudar a aprender, a memorizar, e a rever palavras estrangeiras. O dicionário é dividido em temas, cobrindo todas as principais esferas de atividades quotidianas, negócios, ciência, cultura, etc.

O processo de aprendizagem, utilizando os dicionários baseados em temáticas da T&P Books dá-lhe as seguintes vantagens:

- Informação de origem corretamente agrupada predetermina o sucesso em fases subsequentes da memorização de palavras
- Disponibilização de palavras derivadas da mesma raiz, o que permite a memorização de unidades de texto (em vez de palavras separadas)
- Pequenas unidades de palavras facilitam o processo de estabelecimento de vínculos associativos necessários para a consolidação do vocabulário
- O nível de conhecimento da língua pode ser estimado pelo número de palavras aprendidas

T&P Books Publishing
www.tpbooks.com

ISBN: 978-1-78400-968-7

Este livro também está disponível em formato E-book.
Por favor visite www.tpbooks.com ou as principais livrarias on-line.

VOCABULÁRIO FINLANDÊS
palavras mais úteis

Os vocabulários da T&P Books destinam-se a ajudar a aprender, a memorizar, e a rever palavras estrangeiras. O vocabulário contém mais de 3000 palavras de uso comum organizadas tematicamente.

O vocabulário contém as palavras mais comummente usadas
Recomendado como adicional para qualquer curso de línguas
Satisfaz as necessidades dos iniciados e dos alunos avançados de línguas estrangeiras
Conveniente para o uso diário, sessões de revisão e atividades de auto-teste
Permite avaliar o seu vocabulário

Características especias do vocabulário

* As palavras estão organizadas de acordo com o seu significado, e não por ordem alfabética
* As palavras são apresentadas em três colunas para facilitar os processos de revisão e auto-teste
* As palavras compostas são divididas em pequenos blocos para facilitar o processo de aprendizagem
* O vocabulário oferece uma transcrição simples e adequada de cada palavra estrangeira

O vocabulário contém 101 tópicos incluindo:

Conceitos básicos, Números, Cores, Meses, Estações do ano, Unidades de medida, Roupas & Acessórios, Alimentos & Nutrição, Restaurante, Membros da Família, Parentes, Caráter, Sentimentos, Emoções, Doenças, Cidade, Passeios, Compras, Dinheiro, Casa, Lar, Escritório, Trabalho no Escritório, Importação & Exportação, Marketing, Pesquisa de Emprego, Desportos, Educação, Computador, Internet, Ferramentas, Natureza, Países, Nacionalidades e muito mais ...

TABELA DE CONTEÚDOS

GUIA DE PRONUNCIAÇÃO

Alfabeto fonético T&P	Exemplo Finlandês	Exemplo Português
[·]	juomalasi [juoma·lasi]	ponto mediano
[:]	aalto [aːlto]	som de longa duração

Vogais

[a]	hakata [hakata]	chamar
[e]	ensi [ensi]	metal
[i]	musiikki [musiːkki]	sinónimo
[o]	filosofi [filosofi]	lobo
[u]	peruna [peruna]	bonita
[ø]	keittiö [kejttiø]	orgulhoso
[æ]	määrä [mæːræ]	semana
[y]	Bryssel [bryssel]	questionar

Consoantes

[b]	banaani [banaːni]	barril
[d]	odottaa [odottaː]	dentista
[dʒ]	Kambodža [kambodʒa]	adjetivo
[f]	farkut [farkut]	safári
[g]	jooga [joːga]	gosto
[j]	suojatie [suojatæ]	géiser
[h]	ohra [ohra]	[h] aspirada
[h]	jauhot [jauhot]	[h] suave
[k]	nokkia [nokkia]	kiwi
[l]	leveä [leueæ]	libra
[m]	moottori [moːttori]	magnólia
[n]	nainen [najnen]	natureza
[ŋ]	ankkuri [aŋkkuri]	alcançar
[p]	pelko [pelko]	presente
[r]	raketti [raketti]	riscar
[s]	sarastus [sarastus]	sanita
[t]	tattari [tattari]	tulipa
[ʋ]	luvata [luuata]	fava
[ʃ]	šakki [ʃakki]	mês
[tʃ]	Chile [tʃile]	Tchau!
[z]	kazakki [kazakki]	sésamo

ABREVIATURAS
usadas no vocabulário

Abreviaturas do Português

adj	-	adjetivo
adv	-	advérbio
anim.	-	animado
conj.	-	conjunção
desp.	-	desporto
etc.	-	etecetra
ex.	-	por exemplo
f	-	nome feminino
f pl	-	feminino plural
fem.	-	feminino
inanim.	-	inanimado
m	-	nome masculino
m pl	-	masculino plural
m, f	-	masculino, feminino
masc.	-	masculino
mat.	-	matemática
mil.	-	militar
pl	-	plural
prep.	-	preposição
pron.	-	pronome
sb.	-	sobre
sing.	-	singular
v aux	-	verbo auxiliar
vi	-	verbo intransitivo
vi, vt	-	verbo intransitivo, transitivo
vr	-	verbo reflexivo
vt	-	verbo transitivo

CONCEITOS BÁSICOS

1. Pronomes

eu	minä	[minæ]
tu	sinä	[sinæ]
ele	hän	[hæn]
ela	hän	[hæn]
ele, ela (neutro)	se	[se]
nós	me	[me]
vocês	te	[te]
eles, elas	he	[he]

2. Cumprimentos. Saudações

Olá!	Hei!	[hej]
Bom dia! (formal)	Hei!	[hej]
Bom dia! (de manhã)	Hyvää huomenta!	[hyʊæː huomentɑ]
Boa tarde!	Hyvää päivää!	[hyʊæː pæjʊæː]
Boa noite!	Hyvää iltaa!	[hyʊæː iltɑː]
cumprimentar (vt)	tervehtiä	[terʊehtiæ]
Olá!	Moi!	[moj]
saudação (f)	tervehdys	[terʊehdys]
saudar (vt)	tervehtiä	[terʊehtiæ]
Como vai?	Mitä kuuluu?	[mitæ kuːluː]
O que há de novo?	Mitä on uutta?	[mitæ on uːttɑ]
Até à vista!	Näkemiin!	[nækemiːn]
Até breve!	Pikaisiin näkemiin!	[pikɑjsiːn nækemiːn]
Adeus!	Hyvästi!	[hyʊæsti]
despedir-se (vr)	hyvästellä	[hyʊæstellæ]
Até logo!	Hei hei!	[hej hej]
Obrigado! -a!	Kiitos!	[kiːtos]
Muito obrigado! -a!	Paljon kiitoksia!	[pɑljon kiːtoksiɑ]
De nada	Ole hyvä	[ole hyʊæ]
Não tem de quê	Ei kestä kiittää	[ej kestæ kiːttæː]
De nada	Ei kestä	[ej kestæ]
Desculpa! -pe!	Anteeksi!	[anteːksi]
desculpar (vt)	antaa anteeksi	[ɑntɑ: anteːksi]
desculpar-se (vr)	pyytää anteeksi	[pyːtæː anteːksi]
As minhas desculpas	Pyydän anteeksi	[pyːdæn anteːksi]
Desculpe!	Anteeksi!	[anteːksi]

| perdoar (vt) | antaa anteeksi | [ɑntɑ: ɑnte:ksi] |
| por favor | ole hyvä | [ole hyʋæ] |

Não se esqueça!	Älkää unohtako!	[ælkæ: unohtɑko]
Certamente! Claro!	Tietysti!	[tietysti]
Claro que não!	Eipä tietenkään!	[ejpæ tieteŋkæ:n]
Está bem! De acordo!	Olen samaa mieltä!	[olen sɑmɑ: mieltæ]
Basta!	Riittää!	[ri:ttæ:]

3. Questões

Quem?	Kuka?	[kukɑ]
Que?	Mikä?	[mikæ]
Onde?	Missä?	[missæ]
Para onde?	Mihin?	[miɦin]
De onde?	Mistä?	[mistæ]
Quando?	Milloin?	[millojn]
Para quê?	Mitä varten?	[mitæ ʋɑrten]
Porquê?	Miksi?	[miksi]

Para quê?	Minkä vuoksi?	[miŋkæ ʋuoksi]
Como?	Miten?	[miten]
Qual?	Millainen?	[millɑjnen]
Qual? (entre dois ou mais)	Mikä?	[mikæ]

A quem?	Kenelle?	[kenelle]
Sobre quem?	Kenestä?	[kenestæ]
Do quê?	Mistä?	[mistæ]
Com quem?	Kenen kanssa?	[kenen kɑnssɑ]

Quantos? -as?	Kuinka monta?	[kuiŋkɑ montɑ]
Quanto?	Kuinka paljon?	[kujŋkɑ pɑljon]
De quem? (masc.)	Kenen?	[kenen]

4. Preposições

com (prep.)	kanssa	[kɑnssɑ]
sem (prep.)	ilman	[ilmɑn]
a, para (exprime lugar)	... ssa, ... ssä	[ssɑ], [ssæ]
sobre (ex. falar ~)	... sta, ... stä	[stɑ], [stæ]
antes de ...	ennen	[ennen]
diante de ...	edessä	[edessæ]

sob (debaixo de)	alla	[ɑllɑ]
sobre (em cima de)	yllä	[yllæ]
sobre (~ a mesa)	päällä	[pæ:llæ]

| de (vir ~ Lisboa) | ... sta, ... stä | [stɑ], [stæ] |
| de (feito ~ pedra) | ... sta, ... stä | [stɑ], [stæ] |

| dentro de (~ dez minutos) | päästä | [pæ:stæ] |
| por cima de ... | yli | [yli] |

5. Palavras funcionais. Advérbios. Parte 1

Onde?	Missä?	[missæ]
aqui	täällä	[tæ:llæ]
lá, ali	siellä	[siellæ]

em algum lugar	jossain	[jossɑjn]
em lugar nenhum	ei missään	[ej missæ:n]

ao pé de ...	luona	[luonɑ]
ao pé da janela	ikkunan vieressä	[ikkunɑn ʋæressæ]

Para onde?	Mihin?	[miɦin]
para cá	tänne	[tænne]
para lá	tuonne	[tuonne]
daqui	täältä	[tæ:ltæ]
de lá, dali	sieltä	[sieltæ]

perto	lähellä	[læɦellæ]
longe	kaukana	[kɑukɑnɑ]

perto de ...	luona	[luonɑ]
ao lado de	vieressä	[ʋieressæ]
perto, não fica longe	lähelle	[læɦelle]

esquerdo	vasen	[ʋɑsen]
à esquerda	vasemmalla	[ʋɑsemmɑllɑ]
para esquerda	vasemmalle	[ʋɑsemmɑlle]

direito	oikea	[ojkeɑ]
à direita	oikealla	[ojkeɑllɑ]
para direita	oikealle	[ojkeɑlle]

à frente	edessä	[edessæ]
da frente	etumainen	[etumɑjnen]
em frente (para a frente)	eteenpäin	[ete:npæjn]

atrás de ...	takana	[tɑkɑnɑ]
por detrás (vir ~)	takaa	[tɑkɑ:]
para trás	takaisin	[tɑkɑjsin]

meio (m), metade (f)	keskikohta	[keski·kohtɑ]
no meio	keskellä	[keskellæ]

de lado	sivulta	[siʋultɑ]
em todo lugar	kaikkialla	[kɑjkkiɑllɑ]
ao redor (olhar ~)	ympärillä	[ympærillæ]

de dentro	sisäpuolelta	[sisæ·puoleltɑ]
para algum lugar	jonnekin	[jonnekin]
diretamente	suoraan	[suorɑ:n]
de volta	takaisin	[tɑkɑjsin]

de algum lugar	jostakin	[jostɑkin]
de um lugar	jostakin	[jostɑkin]

em primeiro lugar	ensiksi	[ensiksi]
em segundo lugar	toiseksi	[tojseksi]
em terceiro lugar	kolmanneksi	[kolmanneksi]

de repente	äkkiä	[ækkiæ]
no início	alussa	[alussa]
pela primeira vez	ensi kerran	[ensi kerran]
muito antes de ...	kauan ennen kuin	[kauan ennen kuin]
de novo, novamente	uudestaan	[u:desta:n]
para sempre	pysyvästi	[pysyvæsti]

nunca	ei koskaan	[ej koska:n]
de novo	taas	[ta:s]
agora	nyt	[nyt]
frequentemente	usein	[usejn]
então	silloin	[sillojn]
urgentemente	kiireellisesti	[ki:re:llisesti]
usualmente	tavallisesti	[tavallisesti]

a propósito, ...	muuten	[mu:ten]
é possível	ehkä	[ehkæ]
provavelmente	todennäköisesti	[toden·nækøjsesti]
talvez	ehkä	[ehkæ]
além disso, ...	sitä paitsi, ...	[sitæ pajtsi]
por isso ...	siksi	[siksi]
apesar de ...	huolimatta	[huolimatta]
graças a ...	avulla	[avulla]

que (pron.)	mikä	[mikæ]
que (conj.)	että	[ettæ]
algo	jokin	[jokin]
alguma coisa	jotakin	[jotakin]
nada	ei mitään	[ej mitæ:n]

quem	kuka	[kuka]
alguém (~ teve uma ideia ...)	joku	[joku]
alguém	joku	[joku]

ninguém	ei kukaan	[ej kuka:n]
para lugar nenhum	ei mihinkään	[ej mihiŋkæ:n]
de ninguém	ei kenenkään	[ej keneŋkæ:n]
de alguém	jonkun	[joŋkun]

tão	niin	[ni:n]
também (gostaria ~ de ...)	myös	[myøs]
também (~ eu)	myös	[myøs]

6. Palavras funcionais. Advérbios. Parte 2

Porquê?	Miksi?	[miksi]
por alguma razão	jostain syystä	[jostajn sy:stæ]
porque ...	koska	[koska]
por qualquer razão	jonkin vuoksi	[joŋkin vuoksi]
e (tu ~ eu)	ja	[ja]

ou (ser ~ não ser)	tai	[taj]
mas (porém)	mutta	[mutta]
para (~ a minha mãe)	varten	[ʋarten]

demasiado, muito	liian	[li:an]
só, somente	vain	[ʋajn]
exatamente	tarkasti	[tarkasti]
cerca de (~ 10 kg)	noin	[nojn]

aproximadamente	likimäärin	[likimæ:rin]
aproximado	likimääräinen	[likimæ:ræjnen]
quase	melkein	[melkejn]
resto (m)	loput	[loput]

cada	joka	[joka]
qualquer	jokainen	[jokajnen]
muito	paljon	[paljon]
muitas pessoas	monet	[monet]
todos	kaikki	[kajkki]

em troca de ...	sen vastineeksi	[sen ʋastine:ksi]
em troca	sijaan	[sija:n]
à mão	käsin	[kæsin]
pouco provável	tuskin	[tuskin]

provavelmente	varmaan	[ʋarma:n]
de propósito	tahallaan	[tahalla:n]
por acidente	sattumalta	[sattumalta]

muito	erittäin	[erittæjn]
por exemplo	esimerkiksi	[esimerkiksi]
entre	välillä	[ʋælillæ]
entre (no meio de)	keskuudessa	[kesku:dessa]
tanto	niin monta, niin paljon	[ni:n monta], [ni:n paljon]
especialmente	erikoisesti	[erikojsesti]

NÚMEROS. DIVERSOS

7. Números cardinais. Parte 1

zero	nolla	[nolla]
um	yksi	[yksi]
dois	kaksi	[kaksi]
três	kolme	[kolme]
quatro	neljä	[neljæ]
cinco	viisi	[ui:si]
seis	kuusi	[ku:si]
sete	seitsemän	[sejtsemæn]
oito	kahdeksan	[kahdeksan]
nove	yhdeksän	[yhdeksæn]
dez	kymmenen	[kymmenen]
onze	yksitoista	[yksi·tojsta]
doze	kaksitoista	[kaksi·tojsta]
treze	kolmetoista	[kolme·tojsta]
catorze	neljätoista	[neljæ·tojsta]
quinze	viisitoista	[ui:si·tojsta]
dezasseis	kuusitoista	[ku:si·tojsta]
dezassete	seitsemäntoista	[sejtsemæn·tojsta]
dezoito	kahdeksantoista	[kahdeksan·tojsta]
dezanove	yhdeksäntoista	[yhdeksæn·tojsta]
vinte	kaksikymmentä	[kaksi·kymmentæ]
vinte e um	kaksikymmentäyksi	[kaksi·kymmentæ·yksi]
vinte e dois	kaksikymmentäkaksi	[kaksi·kymmentæ·kaksi]
vinte e três	kaksikymmentäkolme	[kaksi·kymmentæ·kolme]
trinta	kolmekymmentä	[kolme·kymmentæ]
trinta e um	kolmekymmentäyksi	[kolme·kymmentæ·yksi]
trinta e dois	kolmekymmentäkaksi	[kolme·kymmentæ·kaksi]
trinta e três	kolmekymmentäkolme	[kolme·kymmentæ·kolme]
quarenta	neljäkymmentä	[neljæ·kymmentæ]
quarenta e um	neljäkymmentäyksi	[neljæ·kymmentæ·yksi]
quarenta e dois	neljäkymmentäkaksi	[neljæ·kymmentæ·kaksi]
quarenta e três	neljäkymmentäkolme	[neljæ·kymmentæ·kolme]
cinquenta	viisikymmentä	[ui:si·kymmentæ]
cinquenta e um	viisikymmentäyksi	[ui:si·kymmentæ·yksi]
cinquenta e dois	viisikymmentäkaksi	[ui:si·kymmentæ·kaksi]
cinquenta e três	viisikymmentäkolme	[ui:si·kymmentæ·kolme]
sessenta	kuusikymmentä	[ku:si·kymmentæ]
sessenta e um	kuusikymmentäyksi	[ku:si·kymmentæ·yksi]

sessenta e dois	kuusikymmentäkaksi	[ku:si·kymmentæ·kaksi]
sessenta e três	kuusikymmentäkolme	[ku:si·kymmentæ·kolme]
setenta	seitsemänkymmentä	[sejtsemæn·kymmentæ]
setenta e um	seitsemänkymmentäyksi	[sejtsemæn·kymmentæ·yksi]
setenta e dois	seitsemänkymmentäkaksi	[sejtsemæn·kymmentæ-kaksi]
setenta e três	seitsemänkymmentäkolme	[sejtsemæn·kymmentæ kolme]
oitenta	kahdeksankymmentä	[kahdeksan·kymmentæ]
oitenta e um	kahdeksankymmentäyksi	[kahdeksan·kymmentæ·yksi]
oitenta e dois	kahdeksankymmentäkaksi	[kahdeksan·kymmentæ kaksi]
oitenta e três	kahdeksankymmentäkolme	[kahdeksan·kymmentæ kolme]
noventa	yhdeksänkymmentä	[yhdeksæn·kymmentæ]
noventa e um	yhdeksänkymmentäyksi	[yhdeksæn·kymmentæ·yksi]
noventa e dois	yhdeksänkymmentäkaksi	[yhdeksæn·kymmentæ·kaksi]
noventa e três	yhdeksänkymmentäkolme	[yhdeksæn·kymmentæ kolme]

8. Números cardinais. Parte 2

cem	sata	[sata]
duzentos	kaksisataa	[kaksi·sata:]
trezentos	kolmesataa	[kolme·sata:]
quatrocentos	neljäsataa	[neljæ·sata:]
quinhentos	viisisataa	[ui:si·sata:]
seiscentos	kuusisataa	[ku:si·sata:]
setecentos	seitsemänsataa	[sejtsemæn·sata:]
oitocentos	kahdeksansataa	[kahdeksan·sata:]
novecentos	yhdeksänsataa	[yhdeksæn·sata:]
mil	tuhat	[tuħat]
dois mil	kaksituhatta	[kaksi·tuħatta]
De quem são ...?	kolmetuhatta	[kolme·tuħatta]
dez mil	kymmenentuhatta	[kymmenen·tuħatta]
cem mil	satatuhatta	[sata·tuħatta]
um milhão	miljoona	[miljo:na]
mil milhões	miljardi	[miljardi]

9. Números ordinais

primeiro	ensimmäinen	[ensimmæjnen]
segundo	toinen	[tojnen]
terceiro	kolmas	[kolmas]
quarto	neljäs	[neljæs]
quinto	viides	[ui:des]
sexto	kuudes	[ku:des]
sétimo	seitsemäs	[sejtsemæs]

oitavo	**kahdeksas**	[kɑhdeksɑs]
nono	**yhdeksäs**	[yhdeksæs]
décimo	**kymmenes**	[kymmenes]

CORES. UNIDADES DE MEDIDA

10. Cores

cor (f)	väri	[ʋæri]
matiz (m)	sävy, värisävy	[sæʋy], [ʋæri·sæʋy]
tom (m)	värisävy	[ʋæri·sæʋy]
arco-íris (m)	sateenkaari	[sɑteːn·kɑːri]
branco	valkoinen	[ʋɑlkojnen]
preto	musta	[mustɑ]
cinzento	harmaa	[hɑrmɑː]
verde	vihreä	[ʋihreæ]
amarelo	keltainen	[keltɑjnen]
vermelho	punainen	[punɑjnen]
azul	sininen	[sininen]
azul claro	vaaleansininen	[ʋɑːleɑn·sininen]
rosa	vaaleanpunainen	[ʋɑːleɑn·punɑjnen]
laranja	oranssi	[orɑnssi]
violeta	violetti	[ʋioletti]
castanho	ruskea	[ruskeɑ]
dourado	kultainen	[kultɑjnen]
prateado	hopeinen	[hopejnen]
bege	beige	[bejge]
creme	kermanvärinen	[kermɑn·ʋærinen]
turquesa	turkoosi	[turkoːsi]
vermelho cereja	kirsikanpunainen	[kirsikɑn·punɑjnen]
lilás	sinipunainen	[sini·punɑjnen]
carmesim	karmiininpunainen	[kɑrmiːnen·punɑjnen]
claro	vaalea	[ʋɑːleɑ]
escuro	tumma	[tummɑ]
vivo	kirkas	[kirkɑs]
de cor	väri-	[ʋæri]
a cores	väri-	[ʋæri]
preto e branco	mustavalkoinen	[mustɑ·ʋɑlkojnen]
unicolor	yksivärinen	[yksi·ʋærinen]
multicor	erivärinen	[eriʋærinen]

11. Unidades de medida

peso (m)	paino	[pɑjno]
comprimento (m)	pituus	[pituːs]

largura (f)	leveys	[leʋeys]
altura (f)	korkeus	[korkeus]
profundidade (f)	syvyys	[syʋy:s]
volume (m)	tilavuus	[tilɑʋu:s]
área (f)	pinta-ala	[pinta·ala]

grama (m)	gramma	[grɑmmɑ]
miligrama (m)	milligramma	[milligrɑmmɑ]
quilograma (m)	kilo	[kilo]
tonelada (f)	tonni	[tonni]
libra (453,6 gramas)	pauna, naula	[pɑunɑ], [nɑulɑ]
onça (f)	unssi	[unssi]

metro (m)	metri	[metri]
milímetro (m)	millimetri	[millimetri]
centímetro (m)	senttimetri	[senttimetri]
quilómetro (m)	kilometri	[kilometri]
milha (f)	peninkulma	[penin·kulmɑ]

polegada (f)	tuuma	[tu:mɑ]
pé (304,74 mm)	jalka	[jɑlkɑ]
jarda (914,383 mm)	jaardi	[jɑ:rdi]

metro (m) quadrado	neliömetri	[neliø·metri]
hectare (m)	hehtaari	[hehtɑ:ri]

litro (m)	litra	[litrɑ]
grau (m)	aste	[ɑste]
volt (m)	voltti	[ʋoltti]
ampere (m)	ampeeri	[ɑmpe:ri]
cavalo-vapor (m)	hevosvoima	[heʋos·ʋojmɑ]

quantidade (f)	määrä	[mæ:ræ]
um pouco de ...	vähän	[ʋæɦæn]
metade (f)	puoli	[puoli]
dúzia (f)	tusina	[tusinɑ]
peça (f)	kappale	[kɑppɑle]

dimensão (f)	koko	[koko]
escala (f)	mittakaava	[mittɑ·kɑ:ʋɑ]

mínimo	minimaalinen	[minimɑ:linen]
menor, mais pequeno	pienin	[pienin]
médio	keskikokoinen	[keskikokojnen]
máximo	maksimaalinen	[mɑksimɑ:linen]
maior, mais grande	suurin	[su:rin]

12. Recipientes

boião (m) de vidro	lasitölkki	[lɑsi·tølkki]
lata (~ de cerveja)	purkki	[purkki]
balde (m)	sanko	[sɑŋko]
barril (m)	tynnyri	[tynnyri]
bacia (~ de plástico)	pesuvati	[pesu·ʋɑti]

tanque (m)	säiliö	[sæjliø]
cantil (m) de bolso	kenttäpullo	[kenttæ·pullo]
bidão (m) de gasolina	jerrykannu	[jerry·kannu]
cisterna (f)	säiliö	[sæjliø]
caneca (f)	muki	[muki]
chávena (f)	kuppi	[kuppi]
pires (m)	teevati	[te:ʋati]
copo (m)	juomalasi	[juoma·lasi]
taça (f) de vinho	viinilasi	[ʋi:ni·lasi]
panela, caçarola (f)	kasari, kattila	[kasari], [kattila]
garrafa (f)	pullo	[pullo]
gargalo (m)	pullonkaula	[pulloŋ·kaula]
jarro, garrafa (f)	karahvi	[karahʋi]
jarro (m) de barro	kannu	[kannu]
recipiente (m)	astia	[astia]
pote (m)	ruukku	[ru:kku]
vaso (m)	vaasi, maljakko	[ʋa:si], [maljakko]
frasco (~ de perfume)	pullo	[pullo]
frasquinho (ex. ~ de iodo)	pieni pullo	[pjeni pullo]
tubo (~ de pasta dentífrica)	tuubi	[tu:bi]
saca (ex. ~ de açúcar)	säkki	[sækki]
saco (~ de plástico)	säkki, pussi	[sækki], [pussi]
maço (m)	aski	[aski]
caixa (~ de sapatos, etc.)	laatikko	[la:tikko]
caixa (~ de madeira)	laatikko	[la:tikko]
cesta (f)	kori	[kori]

VERBOS PRINCIPAIS

13. Os verbos mais importantes. Parte 1

abrir (vt)	avata	[avata]
acabar, terminar (vt)	lopettaa	[lopetta:]
aconselhar (vt)	neuvoa	[neuvoa]
adivinhar (vt)	arvata	[arvata]
advertir (vt)	varoittaa	[varojtta:]
ajudar (vt)	auttaa	[autta:]
almoçar (vi)	syödä lounasta	[syødæ lounasta]
alugar (~ um apartamento)	vuokrata	[vuokrata]
amar (vt)	rakastaa	[rakasta:]
ameaçar (vt)	uhata	[uhata]
anotar (escrever)	kirjoittaa muistiin	[kirjoitta: mujsti:n]
apanhar (vt)	ottaa kiinni	[otta: ki:nni]
apressar-se (vr)	pitää kiirettä	[pitæ: ki:rettæ]
arrepender-se (vr)	katua	[katua]
assinar (vt)	allekirjoittaa	[allekirjoitta:]
atirar, disparar (vi)	ampua	[ampua]
brincar (vi)	vitsailla	[vitsajlla]
brincar, jogar (crianças)	leikkiä	[lejkkiæ]
buscar (vt)	etsiä	[etsiæ]
caçar (vi)	metsästää	[metsæstæ:]
cair (vi)	kaatua	[ka:tua]
cavar (vt)	kaivaa	[kajva:]
cessar (vt)	lakata	[lakata]
chamar (~ por socorro)	kutsua	[kutsua]
chegar (vi)	saapua	[sa:pua]
chorar (vi)	itkeä	[itkeæ]
começar (vt)	alkaa	[alka:]
comparar (vt)	verrata	[verrata]
compreender (vt)	ymmärtää	[ymmærtæ:]
concordar (vi)	suostua	[suostua]
confiar (vt)	luottaa	[luotta:]
confundir (equivocar-se)	sekoittaa	[sekojtta:]
conhecer (vt)	tuntea	[tuntea]
contar (fazer contas)	laskea	[laskea]
contar com (esperar)	luottaa	[luotta:]
continuar (vt)	jatkaa	[jatka:]
controlar (vt)	tarkastaa	[tarkasta:]
convidar (vt)	kutsua	[kutsua]
correr (vi)	juosta	[juosta]

criar (vt)	luoda	[luoda]
custar (vt)	maksaa	[maksa:]

14. Os verbos mais importantes. Parte 2

dar (vt)	antaa	[anta:]
dar uma dica	vihjata	[vihjata]
decorar (enfeitar)	koristaa	[korista:]
defender (vt)	puolustaa	[puolusta:]
deixar cair (vt)	pudottaa	[pudotta:]

descer (para baixo)	laskeutua	[laskeutua]
desculpar (vt)	antaa anteeksi	[anta: ante:ksi]
desculpar-se (vr)	pyytää anteeksi	[py:tæ: ante:ksi]
dirigir (~ uma empresa)	johtaa	[johta:]
discutir (notícias, etc.)	käsitellä	[kæsitellæ]
dizer (vt)	sanoa	[sanoa]

duvidar (vt)	epäillä	[epæjllæ]
encontrar (achar)	löytää	[løytæ:]
enganar (vt)	pettää	[pettæ:]
entrar (na sala, etc.)	tulla sisään	[tulla sisæ:n]
enviar (uma carta)	lähettää	[læhettæ:]

errar (equivocar-se)	erehtyä	[erehtyæ]
escolher (vt)	valita	[valita]
esconder (vt)	piilotella	[pi:lotella]
escrever (vt)	kirjoittaa	[kirjoitta:]
esperar (o autocarro, etc.)	odottaa	[odotta:]

esperar (ter esperança)	toivoa	[tojvoa]
esquecer (vt)	unohtaa	[unohta:]
estudar (vt)	oppia	[oppia]
exigir (vt)	vaatia	[va:tia]
existir (vi)	olla olemassa	[olla olemassa]

explicar (vt)	selittää	[selittæ:]
falar (vi)	keskustella	[keskustella]
faltar (clases, etc.)	olla poissa	[olla pojssa]
fazer (vt)	tehdä	[tehdæ]
ficar em silêncio	olla vaiti	[olla vajti]
gabar-se, jactar-se (vr)	kerskua	[kerskua]

gritar (vi)	huutaa	[hu:ta:]
guardar (cartas, etc.)	pitää, säilyttää	[pitæ:], [sæjlyttæ:]

informar (vt)	tiedottaa	[tiedotta:]
insistir (vi)	vaatia	[va:tia]

insultar (vt)	loukata	[loukata]
interessar-se (vr)	kiinnostua	[ki:nnostua]
ir (a pé)	mennä	[mennæ]
ir nadar	uida	[ujda]
jantar (vi)	illastaa	[illasta:]

15. Os verbos mais importantes. Parte 3

ler (vt)	lukea	[lukea]
libertar (cidade, etc.)	vapauttaa	[ʋapautta:]
matar (vt)	murhata	[murhata]
mencionar (vt)	mainita	[majnita]
mostrar (vt)	näyttää	[næyttæ:]
mudar (modificar)	muuttaa	[mu:tta:]
nadar (vi)	uida	[ujda]
negar-se a ...	kieltäytyä	[kæltæytyæ]
objetar (vt)	vastustaa	[ʋastusta:]
observar (vt)	tarkkailla	[tarkkajlla]
ordenar (mil.)	käskeä	[kæskeæ]
ouvir (vt)	kuulla	[ku:lla]
pagar (vt)	maksaa	[maksa:]
parar (vi)	pysähtyä	[pysæhtyæ]
participar (vi)	osallistua	[osallistua]
pedir (comida)	tilata	[tilata]
pedir (um favor, etc.)	pyytää	[py:tæ:]
pegar (tomar)	ottaa	[otta:]
pensar (vt)	ajatella	[ajatella]
perceber (ver)	huomata	[huomata]
perdoar (vt)	antaa anteeksi	[anta: ante:ksi]
perguntar (vt)	kysyä	[kysyæ]
permitir (vt)	antaa lupa	[anta: lupa]
pertencer a ...	kuulua	[ku:lua]
planear (vt)	suunnitella	[su:nnitella]
poder (vi)	voida	[ʋojda]
possuir (vt)	omistaa	[omista:]
preferir (vt)	pitää enemmän	[pitæ: enemmæn]
preparar (vt)	laittaa	[lajtta:]
prever (vt)	odottaa	[odotta:]
prometer (vt)	luvata	[luʋata]
pronunciar (vt)	lausua	[lausua]
propor (vt)	ehdottaa	[ehdotta:]
punir (castigar)	rangaista	[raŋajsta]

16. Os verbos mais importantes. Parte 4

quebrar (vt)	rikkoa	[rikkoa]
queixar-se (vr)	valittaa	[ʋalitta:]
querer (desejar)	haluta	[haluta]
recomendar (vt)	suositella	[suositella]
repetir (dizer outra vez)	toistaa	[tojsta:]
repreender (vt)	haukkua	[haukkua]
reservar (~ um quarto)	varata	[ʋarata]

responder (vt)	vastata	[ʋɑstɑtɑ]
rezar, orar (vi)	rukoilla	[rukojllɑ]
rir (vi)	nauraa	[nɑurɑ:]

roubar (vt)	varastaa	[ʋɑrɑstɑ:]
saber (vt)	tietää	[tietæ:]
sair (~ de casa)	mennä, tulla ulos	[mennæ], [tullɑ ulos]
salvar (vt)	pelastaa	[pelɑstɑ:]
seguir ...	seurata	[seurɑtɑ]

sentar-se (vr)	istua, istuutua	[istuɑ], [istu:tuɑ]
ser necessário	tarvita	[tɑrʋitɑ]
ser, estar	olla	[ollɑ]
significar (vt)	tarkoittaa, merkitä	[tɑrkojttɑ:], [merkitæ]

sorrir (vi)	hymyillä	[hymyjllæ]
surpreender-se (vr)	ihmetellä	[ihmetellæ]
tentar (vt)	koettaa	[koettɑ:]

ter (vt)	omistaa	[omistɑ:]
ter fome	minulla on nälkä	[minullɑ on nælkæ]
ter medo	pelätä	[pelætæ]
ter sede	minulla on jano	[minullɑ on jɑno]

tocar (com as mãos)	koskettaa	[koskettɑ:]
tomar o pequeno-almoço	syödä aamiaista	[syødæ ɑ:miɑjstɑ]
trabalhar (vi)	työskennellä	[tyøskennellæ]
traduzir (vt)	kääntää	[kæ:ntæ:]
unir (vt)	yhdistää	[yhdistæ:]

vender (vt)	myydä	[my:dæ]
ver (vt)	nähdä	[næhdæ]
virar (ex. ~ à direita)	kääntää	[kæ:ntæ:]
voar (vi)	lentää	[lentæ:]

TEMPO. CALENDÁRIO

17. Dias da semana

segunda-feira (f)	maanantai	[maːnantaj]
terça-feira (f)	tiistai	[tiːstaj]
quarta-feira (f)	keskiviikko	[keskiʋiːkko]
quinta-feira (f)	torstai	[torstaj]
sexta-feira (f)	perjantai	[perjantaj]
sábado (m)	lauantai	[lauantaj]
domingo (m)	sunnuntai	[sunnuntaj]
hoje	tänään	[tænæːn]
amanhã	huomenna	[huomenna]
depois de amanhã	ylihuomenna	[ylihuomenna]
ontem	eilen	[ejlen]
anteontem	toissa päivänä	[tojssa pæjʋænæ]
dia (m)	päivä	[pæjʋæ]
dia (m) de trabalho	työpäivä	[tyø·pæjʋæ]
feriado (m)	juhlapäivä	[juhla·pæjʋæ]
dia (m) de folga	vapaapäivä	[ʋapa·pæjʋæ]
fim (m) de semana	viikonloppu	[ʋiːkon·loppu]
o dia todo	koko päivän	[koko pæjʋæn]
no dia seguinte	ensi päivänä	[ensi pæjʋænæ]
há dois dias	kaksi päivää sitten	[kaksi pæjʋæː sitten]
na véspera	aattona	[aːttona]
diário	päivittäinen	[pæjʋittæjnen]
todos os dias	joka päivä	[joka pæjʋæ]
semana (f)	viikko	[ʋiːkko]
na semana passada	viime viikolla	[ʋiːme ʋiːkolla]
na próxima semana	ensi viikolla	[ensi ʋiːkolla]
semanal	viikoittainen	[ʋiːkojttajnen]
cada semana	joka viikko	[joka ʋiːkko]
duas vezes por semana	kaksi kertaa viikossa	[kaksi kertaː ʋiːkossa]
cada terça-feira	joka tiistai	[joka tiːstaj]

18. Horas. Dia e noite

manhã (f)	aamu	[aːmu]
de manhã	aamulla	[aːmulla]
meio-dia (m)	puolipäivä	[puoli·pæjʋæ]
à tarde	iltapäivällä	[ilta·pæjʋællæ]
noite (f)	ilta	[ilta]
à noite (noitinha)	illalla	[illalla]

noite (f)	yö	[yø]
à noite	yöllä	[yøllæ]
meia-noite (f)	puoliyö	[puoli·yø]

segundo (m)	sekunti	[sekunti]
minuto (m)	minuutti	[minu:tti]
hora (f)	tunti	[tunti]
meia hora (f)	puoli tuntia	[puoli tuntia]
quarto (m) de hora	vartti	[vartti]
quinze minutos	viisitoista minuuttia	[vi:si·tojsta minu:ttia]
vinte e quatro horas	vuorokausi	[vuoro·kausi]

nascer (m) do sol	auringonnousu	[auriŋon·nousu]
amanhecer (m)	sarastus	[sarastus]
madrugada (f)	varhainen aamu	[varhajnen a:mu]
pôr do sol (m)	auringonlasku	[auriŋon·lasku]

de madrugada	aamulla aikaisin	[a:mulla ajkajsin]
hoje de manhã	tänä aamuna	[tænæ a:muna]
amanhã de manhã	ensi aamuna	[ensi a:muna]

hoje à tarde	tänä päivänä	[tænæ pæjuænæ]
à tarde	iltapäivällä	[ilta·pæjuællæ]
amanhã à tarde	huomisiltapäivällä	[huomis·ilta·pæjuællæ]

hoje à noite	tänä iltana	[tænæ iltana]
amanhã à noite	ensi iltana	[ensi iltana]

às três horas em ponto	tasan kolmelta	[tasan kolmelta]
por volta das quatro	noin neljältä	[nojn neljæltæ]
às doze	kahdentoista mennessä	[kahdentojsta menessæ]

dentro de vinte minutos	kahdenkymmenen minuutin kuluttua	[kahdeŋkymmenen minu:tin kuluttua]
dentro duma hora	tunnin kuluttua	[tunnin kuluttua]
a tempo	ajoissa	[ajoissa]

menos um quarto	varttia vaille	[varttia vajlle]
durante uma hora	tunnin kuluessa	[tunnin kuluessa]
a cada quinze minutos	viidentoista minuutin välein	[vi:den·tojsta minu:tin vælejn]
as vinte e quatro horas	ympäri vuorokauden	[ympæri vuoro kauden]

19. Meses. Estações

janeiro (m)	tammikuu	[tammiku:]
fevereiro (m)	helmikuu	[helmiku:]
março (m)	maaliskuu	[ma:lisku:]
abril (m)	huhtikuu	[huhtiku:]
maio (m)	toukokuu	[toukoku:]
junho (m)	kesäkuu	[kesæku:]

julho (m)	heinäkuu	[hejnæku:]
agosto (m)	elokuu	[eloku:]

setembro (m)	syyskuu	[sy:sku:]
outubro (m)	lokakuu	[lokɑku:]
novembro (m)	marraskuu	[mɑrrɑsku:]
dezembro (m)	joulukuu	[jouluku:]
primavera (f)	kevät	[keʋæt]
na primavera	keväällä	[keʋæ:llæ]
primaveril	keväinen	[keʋæjnen]
verão (m)	kesä	[kesæ]
no verão	kesällä	[kesællæ]
de verão	kesäinen	[kesæjnen]
outono (m)	syksy	[syksy]
no outono	syksyllä	[syksyllæ]
outonal	syksyinen	[syksyjnen]
inverno (m)	talvi	[talʋi]
no inverno	talvella	[talʋella]
de inverno	talvinen	[talʋinen]
mês (m)	kuukausi	[ku:kausi]
este mês	tässä kuussa	[tæssæ ku:ssa]
no próximo mês	ensi kuussa	[ensi ku:ssa]
no mês passado	viime kuussa	[ʋi:me ku:ssa]
há um mês	kuukausi sitten	[ku:kausi sitten]
dentro de um mês	kuukauden kuluttua	[ku:kauden kuluttua]
dentro de dois meses	kahden kuukauden kuluttua	[kahden ku:kauden kuluttua]
todo o mês	koko kuukauden	[koko ku:kauden]
um mês inteiro	koko kuukauden	[koko ku:kauden]
mensal	kuukautinen	[ku:kautinen]
mensalmente	kuukausittain	[ku:kausittɑjn]
cada mês	joka kuukausi	[joka ku:kausi]
duas vezes por mês	kaksi kertaa kuukaudessa	[kaksi kerta: ku:kaudessa]
ano (m)	vuosi	[ʋuosi]
este ano	tänä vuonna	[tænæ ʋuonna]
no próximo ano	ensi vuonna	[ensi ʋuonna]
no ano passado	viime vuonna	[ʋi:me ʋuonna]
há um ano	vuosi sitten	[ʋuosi sitten]
dentro dum ano	vuoden kuluttua	[ʋuoden kuluttua]
dentro de 2 anos	kahden vuoden kuluttua	[kahden ʋuoden kuluttua]
todo o ano	koko vuoden	[koko ʋuoden]
um ano inteiro	koko vuoden	[koko ʋuoden]
cada ano	joka vuosi	[joka ʋuosi]
anual	vuosittainen	[ʋuosittɑjnen]
anualmente	vuosittain	[ʋuosittɑjn]
quatro vezes por ano	neljä kertaa vuodessa	[neljæ kerta: ʋuodessa]
data (~ de hoje)	päivämäärä	[pæjuæ·mæ:ræ]
data (ex. ~ de nascimento)	päivämäärä	[pæjuæ·mæ:ræ]

calendário (m)	**kalenteri**	[kɑlenteri]
meio ano	**puoli vuotta**	[puoli ʋuottɑ]
seis meses	**vuosipuolisko**	[ʋuosi·puolisko]
estação (f)	**vuodenaika**	[ʋuoden·ɑjkɑ]
século (m)	**vuosisata**	[ʋuosi·sɑtɑ]

VIAGENS. HOTEL

20. Viagens

turismo (m)	matkailu	[matkɑjlu]
turista (m)	matkailija	[matkɑjlijɑ]
viagem (f)	matka	[matkɑ]
aventura (f)	seikkailu	[sejkkɑjlu]
viagem (f)	matka	[matkɑ]
férias (f pl)	loma	[lomɑ]
estar de férias	olla lomalla	[ollɑ lomɑllɑ]
descanso (m)	lepo	[lepo]
comboio (m)	juna	[junɑ]
de comboio (chegar ~)	junalla	[junɑllɑ]
avião (m)	lentokone	[lento·kone]
de avião	lentokoneella	[lentokone:llɑ]
de carro	autolla	[autollɑ]
de navio	laivalla	[lɑjʋɑllɑ]
bagagem (f)	matkatavara	[matkɑ·tɑʋɑrɑ]
mala (f)	matkalaukku	[matkɑ·lɑukku]
carrinho (m)	matkatavarakärryt	[matkɑ·tɑʋɑrɑt·kærryt]
passaporte (m)	passi	[pɑssi]
visto (m)	viisumi	[ʋi:sumi]
bilhete (m)	lippu	[lippu]
bilhete (m) de avião	lentolippu	[lento·lippu]
guia (m) de viagem	opaskirja	[opɑs·kirjɑ]
mapa (m)	kartta	[kɑrttɑ]
local (m), area (f)	seutu	[seutu]
lugar, sítio (m)	paikka	[pɑjkkɑ]
exotismo (m)	eksoottisuus	[ekso:ttisu:s]
exótico	eksoottinen	[ekso:ttinen]
surpreendente	ihmeellinen	[ihme:llinen]
grupo (m)	ryhmä	[ryhmæ]
excursão (f)	ekskursio, retki	[ekskursio], [retki]
guia (m)	opas	[opɑs]

21. Hotel

hotel (m)	hotelli	[hotelli]
motel (m)	motelli	[motelli]
três estrelas	kolme tähteä	[kolme tæhteæ]

| cinco estrelas | viisi tähteä | [ʋi:si tæhteæ] |
| ficar (~ num hotel) | oleskella | [oleskella] |

quarto (m)	huone	[huone]
quarto (m) individual	yhden hengen huone	[yhden heŋen huone]
quarto (m) duplo	kahden hengen huone	[kahden heŋen huone]
reservar um quarto	varata huone	[ʋarata huone]

| meia pensão (f) | puolihoito | [puoli·hojto] |
| pensão (f) completa | täysihoito | [tæysi·hojto] |

com banheira	jossa on kylpyamme	[jossa on kylpyamme]
com duche	on suihku	[on sujhku]
televisão (m) satélite	satelliittitelevisio	[satelli:tti·teleʋisio]
ar (m) condicionado	ilmastointilaite	[ilmastojnti·lajte]
toalha (f)	pyyhe	[py:he]
chave (f)	avain	[aʋajn]

administrador (m)	hallintovirkamies	[hallinto·ʋirka·mies]
camareira (f)	huonesiivooja	[huone·si:ʋo:ja]
bagageiro (m)	kantaja	[kantaja]
porteiro (m)	vahtimestari	[ʋahti·mestari]

restaurante (m)	ravintola	[raʋintola]
bar (m)	baari	[ba:ri]
pequeno-almoço (m)	aamiainen	[a:miajnen]
jantar (m)	illallinen	[illallinen]
buffet (m)	noutopöytä	[nouto·pøytæ]

| hall (m) de entrada | eteishalli | [etejs·halli] |
| elevador (m) | hissi | [hissi] |

| NÃO PERTURBE | ÄLKÄÄ HÄIRITKÖ | [ælkæ: hæjritkø] |
| PROIBIDO FUMAR! | TUPAKOINTI KIELLETTY | [tupakojnti kielletty] |

22. Turismo

monumento (m)	patsas	[patsas]
fortaleza (f)	linna	[linna]
palácio (m)	palatsi	[palatsi]
castelo (m)	linna	[linna]
torre (f)	torni	[torni]
mausoléu (m)	mausoleumi	[mausoleumi]

arquitetura (f)	arkkitehtuuri	[arkkitehtu:ri]
medieval	keskiaikainen	[keskiajkajnen]
antigo	vanha	[ʋanha]
nacional	kansallinen	[kansallinen]
conhecido	tunnettu	[tunnettu]

turista (m)	matkailija	[matkajlija]
guia (pessoa)	opas	[opas]
excursão (f)	ekskursio, retki	[ekskursio], [retki]
mostrar (vt)	näyttää	[næyttæ:]

contar (vt)	kertoa	[kertoa]
encontrar (vt)	löytää	[løytæ:]
perder-se (vr)	hävitä	[hævitæ]
mapa (~ do metrô)	reittikartta	[rejtti·kartta]
mapa (~ da cidade)	asemakaava	[asema·ka:va]
lembrança (f), presente (m)	matkamuisto	[matka·mujsto]
loja (f) de presentes	matkamuistokauppa	[matka·mujsto·kauppa]
fotografar (vt)	valokuvata	[valokuvata]
fotografar-se	valokuvauttaa itsensä	[valokuvautta: itsensæ]

TRANSPORTES

23. Aeroporto

aeroporto (m)	lentoasema	[lento·asema]
avião (m)	lentokone	[lento·kone]
companhia (f) aérea	lentoyhtiö	[lento·yhtiø]
controlador (m) de tráfego aéreo	lennonjohtaja	[lennon·johtaja]
partida (f)	lähtö	[læhtø]
chegada (f)	saapuvat	[sɑ:puʋɑt]
chegar (~ de avião)	lentää	[lentæ:]
hora (f) de partida	lähtöaika	[læhtø·ɑjkɑ]
hora (f) de chegada	saapumisaika	[sɑ:pumis·ɑjkɑ]
estar atrasado	myöhästyä	[myøhæstyæ]
atraso (m) de voo	lennon viivästyminen	[lennon ʋi:ʋæstyminen]
painel (m) de informação	tiedotustaulu	[tiedotus·taulu]
informação (f)	tiedotus	[tiedotus]
anunciar (vt)	ilmoittaa	[ilmojtta:]
voo (m)	lento	[lento]
alfândega (f)	tulli	[tulli]
funcionário (m) da alfândega	tullimies	[tullimies]
declaração (f) alfandegária	tullausilmoitus	[tullɑus·ilmojtus]
preencher (vt)	täyttää	[tæyttæ:]
preencher a declaração	täyttää tullausilmoitus	[tæyttæ: tullɑus ilmojtus]
controlo (m) de passaportes	passintarkastus	[passin·tarkastus]
bagagem (f)	matkatavara	[matka·taʋara]
bagagem (f) de mão	käsimatkatavara	[kæsi·matka·taʋara]
carrinho (m)	matkatavarakärryt	[matka·taʋarat·kærryt]
aterragem (f)	lasku	[lɑsku]
pista (f) de aterragem	laskurata	[lɑsku·rɑtɑ]
aterrar (vi)	laskeutua	[lɑskeutuɑ]
escada (f) de avião	laskuportaat	[lɑsku·porta:t]
check-in (m)	lähtöselvitys	[læhtø·selʋitys]
balcão (m) do check-in	rekisteröintitiski	[rekisterøinti·tiski]
fazer o check-in	ilmoittautua	[ilmojttautua]
cartão (m) de embarque	koneeseennousukortti	[kone:se:n·nousu·kortti]
porta (f) de embarque	lentokoneen pääsy	[lento·kone:n pæ:sy]
trânsito (m)	kauttakulku	[kautta·kulku]
esperar (vi, vt)	odottaa	[odotta:]

sala (f) de espera	odotussali	[odotus·sali]
despedir-se de ...	saattaa ulos	[sɑ:ttɑ: ulos]
despedir-se (vr)	hyvästellä	[hyʋæstellæ]

24. Avião

avião (m)	lentokone	[lento·kone]
bilhete (m) de avião	lentolippu	[lento·lippu]
companhia (f) aérea	lentoyhtiö	[lento·yhtiø]
aeroporto (m)	lentoasema	[lento·asema]
supersónico	yliääni-	[yliæ:ni-]

comandante (m) do avião	lentokoneen päällikkö	[lento·kone:n pæ:llikkø]
tripulação (f)	miehistö	[mæɦistø]
piloto (m)	lentäjä	[lentæjæ]
hospedeira (f) de bordo	lentoemäntä	[lento·emæntæ]
copiloto (m)	perämies	[peræmies]

asas (f pl)	siivet	[si:ʋet]
cauda (f)	pyrstö	[pyrstø]
cabine (f) de pilotagem	ohjaamo	[ohja:mo]
motor (m)	moottori	[mo:ttori]

| trem (m) de aterragem | laskuteline | [lɑsku·teline] |
| turbina (f) | turbiini | [turbi:ni] |

| hélice (f) | propelli | [propelli] |
| caixa-preta (f) | musta laatikko | [musta lɑ:tikko] |

| coluna (f) de controlo | ohjaussauva | [ohjɑus·sɑuʋɑ] |
| combustível (m) | polttoaine | [poltto·ɑjne] |

instruções (f pl) de segurança	turvaohje	[turʋɑ·ohje]
máscara (f) de oxigénio	happinaamari	[hɑppinɑ:mɑri]
uniforme (m)	univormu	[uniʋormu]

| colete (m) salva-vidas | pelastusliivi | [pelɑstus·li:ʋi] |
| paraquedas (m) | laskuvarjo | [lɑsku·ʋɑrjo] |

descolagem (f)	ilmaannousu	[ilmɑ:n·nousu]
descolar (vi)	nousta ilmaan	[nousta ilmɑ:n]
pista (f) de descolagem	kiitorata	[ki:to·rɑtɑ]

| visibilidade (f) | näkyvyys | [nækyʋy:s] |
| voo (m) | lento | [lento] |

| altura (f) | korkeus | [korkeus] |
| poço (m) de ar | ilmakuoppa | [ilmɑ·kuoppɑ] |

assento (m)	paikka	[pɑjkkɑ]
auscultadores (m pl)	kuulokkeet	[ku:lokke:t]
mesa (f) rebatível	tarjotin	[tɑrjotin]
vigia (f)	ikkuna	[ikkunɑ]
passagem (f)	käytävä	[kæytæʋæ]

25. Comboio

comboio (m)	juna	[juna]
comboio (m) suburbano	sähköjuna	[sæhkø·juna]
comboio (m) rápido	pikajuna	[pika·juna]
locomotiva (f) diesel	moottoriveturi	[mo:ttori·veturi]
locomotiva (f) a vapor	höyryveturi	[høyry·veturi]
carruagem (f)	vaunu	[vaunu]
carruagem restaurante (f)	ravintolavaunu	[ravintola·vaunu]
carris (m pl)	ratakiskot	[rata·kiskot]
caminho de ferro (m)	rautatie	[rauta·tie]
travessa (f)	ratapölkky	[rata·pølkky]
plataforma (f)	asemalaituri	[asema·lajturi]
linha (f)	raide	[rajde]
semáforo (m)	siipiopastin	[si:pi·opastin]
estação (f)	asema	[asema]
maquinista (m)	junankuljettaja	[yneŋ·kuljettaja]
bagageiro (m)	kantaja	[kantaja]
hospedeiro, -a (da carruagem)	vaununhoitaja	[vaunun·hojtaja]
passageiro (m)	matkustaja	[matkustaja]
revisor (m)	tarkastaja	[tarkastaja]
corredor (m)	käytävä	[kæytæuæ]
freio (m) de emergência	hätäjarru	[hætæ·jarru]
compartimento (m)	vaununosasto	[vaunun·osasto]
cama (f)	vuode	[vuode]
cama (f) de cima	ylävuode	[ylæ·vuode]
cama (f) de baixo	alavuode	[ala·vuode]
roupa (f) de cama	vuodevaatteet	[vuode·va:tte:t]
bilhete (m)	lippu	[lippu]
horário (m)	aikataulu	[ajka·taulu]
painel (m) de informação	aikataulu	[ajka·taulu]
partir (vt)	lähteä	[læhteæ]
partida (f)	lähtö	[læhtø]
chegar (vi)	saapua	[sa:pua]
chegada (f)	saapuminen	[sa:puminen]
chegar de comboio	tulla junalla	[tulla junalla]
apanhar o comboio	nousta junaan	[nousta juna:n]
sair do comboio	nousta junasta	[nousta junasta]
acidente (m) ferroviário	junaturma	[juna·turma]
descarrilar (vi)	suistua raiteilta	[sujstua rajtejlta]
locomotiva (f) a vapor	höyryveturi	[høyry·veturi]
fogueiro (m)	lämmittäjä	[læmmittæjæ]
fornalha (f)	tulipesä	[tulipesæ]
carvão (m)	hiili	[hi:li]

26. Barco

| navio (m) | laiva | [lɑjʋɑ] |
| embarcação (f) | alus | [alus] |

vapor (m)	höyrylaiva	[højry·lɑjʋɑ]
navio (m)	jokilaiva	[joki·lɑjʋɑ]
transatlântico (m)	risteilijä	[ristejlijæ]
cruzador (m)	risteilijä	[ristejlijæ]

iate (m)	jahti	[jɑhti]
rebocador (m)	hinausköysi	[hinɑus·køysi]
barcaça (f)	proomu	[pro:mu]
ferry (m)	lautta	[lɑuttɑ]

| veleiro (m) | purjealus | [purje·alus] |
| bergantim (m) | brigantiini | [brigɑnti:ni] |

| quebra-gelo (m) | jäänmurtaja | [jæ:n·murtɑjɑ] |
| submarino (m) | sukellusvene | [sukellus·ʋene] |

bote, barco (m)	jolla	[jollɑ]
bote, dingue (m)	pelastusvene	[pelɑstus·ʋene]
bote (m) salva-vidas	pelastusvene	[pelɑstus·ʋene]
lancha (f)	moottorivene	[mo:ttori·ʋene]

capitão (m)	kapteeni	[kɑpte:ni]
marinheiro (m)	matruusi	[mɑtru:si]
marujo (m)	merimies	[merimies]
tripulação (f)	miehistö	[mæɦistø]

contramestre (m)	pursimies	[pursimies]
grumete (m)	laivapoika	[lɑjʋɑ·pojkɑ]
cozinheiro (m) de bordo	kokki	[kokki]
médico (m) de bordo	laivalääkäri	[lɑjʋɑ·læ:kæri]

convés (m)	kansi	[kɑnsi]
mastro (m)	masto	[mɑsto]
vela (f)	purje	[purje]

porão (m)	ruuma	[ru:mɑ]
proa (f)	keula	[keulɑ]
popa (f)	perä	[peræ]
remo (m)	airo	[ɑjro]
hélice (f)	potkuri	[potkuri]

camarote (m)	hytti	[hytti]
sala (f) dos oficiais	upseerimessi	[upse:ri·messi]
sala (f) das máquinas	konehuone	[kone·ɦuone]
ponte (m) de comando	komentosilta	[komento·siltɑ]
sala (f) de comunicações	radiohuone	[radio·ɦuone]
onda (f) de rádio	aalto	[ɑ:lto]
diário (m) de bordo	laivapäiväkirja	[lɑjʋɑ·pæjʋæ·kirjɑ]
luneta (f)	kaukoputki	[kɑuko·putki]
sino (m)	kello	[kello]

bandeira (f)	**lippu**	[lippu]
cabo (m)	**köysi**	[køysi]
nó (m)	**solmu**	[solmu]

corrimão (m)	**käsipuu**	[kæsipu:]
prancha (f) de embarque	**laskusilta**	[lɑsku·siltɑ]

âncora (f)	**ankkuri**	[ɑŋkkuri]
recolher a âncora	**nostaa ankkuri**	[nostɑ: ɑŋkkuri]
lançar a âncora	**heittää ankkuri**	[hejttæ: ɑŋkkuri]
amarra (f)	**ankkuriketju**	[ɑŋkkuri·ketju]

porto (m)	**satama**	[sɑtɑmɑ]
cais, amarradouro (m)	**laituri**	[lɑjturi]
atracar (vi)	**kiinnittyä**	[ki:nnittyæ]
desatracar (vi)	**lähteä**	[læhteæ]

viagem (f)	**matka**	[mɑtkɑ]
cruzeiro (m)	**laivamatka**	[lɑjuɑ·mɑtkɑ]
rumo (m), rota (f)	**kurssi**	[kurssi]
itinerário (m)	**reitti**	[rejtti]

canal (m) navegável	**väylä**	[uæylæ]
banco (m) de areia	**matalikko**	[mɑtɑlikko]
encalhar (vt)	**ajautua matalikolle**	[ɑjɑutuɑ mɑtɑlikolle]

tempestade (f)	**myrsky**	[myrsky]
sinal (m)	**merkki**	[merkki]
afundar-se (vr)	**upota**	[upotɑ]
Homem ao mar!	**Mies yli laidan!**	[mies yli lɑjdɑn]
SOS	**SOS**	[sos]
boia (f) salva-vidas	**pelastusrengas**	[pelɑstus·reŋɑs]

CIDADE

27. Transportes urbanos

autocarro (m)	bussi	[bussi]
elétrico (m)	raitiovaunu	[rajtio·vaunu]
troleicarro (m)	johdinauto	[johdin·auto]
itinerário (m)	reitti	[rejtti]
número (m)	numero	[numero]
ir de … (carro, etc.)	mennä …	[mennæ]
entrar (~ no autocarro)	nousta	[nousta]
descer de …	astua ulos	[astua ulos]
paragem (f)	pysäkki	[pysækki]
próxima paragem (f)	seuraava pysäkki	[seura:va pysækki]
ponto (m) final	pääteasema	[pæ:teasema]
horário (m)	aikataulu	[ajka·taulu]
esperar (vt)	odottaa	[odotta:]
bilhete (m)	lippu	[lippu]
custo (m) do bilhete	kyytimaksu	[ky:ti·maksu]
bilheteiro (m)	kassanhoitaja	[kassan·hojtaja]
controlo (m) dos bilhetes	tarkastus	[tarkastus]
revisor (m)	tarkastaja	[tarkastaja]
atrasar-se (vr)	myöhästyä	[myøhæstyæ]
perder (o autocarro, etc.)	myöhästyä	[myøhæstyæ]
estar com pressa	olla kiire	[olla ki:re]
táxi (m)	taksi	[taksi]
taxista (m)	taksinkuljettaja	[taksiŋ·kuljettaja]
de táxi (ir ~)	taksilla	[taksilla]
praça (f) de táxis	taksiasema	[taksi·asema]
chamar um táxi	tilata taksi	[tilata taksi]
apanhar um táxi	ottaa taksi	[otta: taksi]
tráfego (m)	liikenne	[li:kenne]
engarrafamento (m)	ruuhka	[ru:hka]
horas (f pl) de ponta	ruuhka-aika	[ru:hka·ajka]
estacionar (vi)	pysäköidä	[pysækøjdæ]
estacionar (vt)	pysäköidä	[pysækøjdæ]
parque (m) de estacionamento	parkkipaikka	[parkki·pajkka]
metro (m)	metro	[metro]
estação (f)	asema	[asema]
ir de metro	mennä metrolla	[mennæ metrollla]
comboio (m)	juna	[juna]
estação (f)	rautatieasema	[rautatie·asema]

28. Cidade. Vida na cidade

cidade (f)	kaupunki	[kaupuŋki]
capital (f)	pääkaupunki	[pæː kaupuŋki]
aldeia (f)	kylä	[kylæ]
mapa (m) da cidade	asemakaava	[asema·kaːʋa]
centro (m) da cidade	keskusta	[keskusta]
subúrbio (m)	esikaupunki	[esikaupuŋki]
suburbano	esikaupunki-	[esikaupuŋki]
periferia (f)	laitakaupunginosa	[lajta·kaupunginosa]
arredores (m pl)	ympäristö	[ympæristø]
quarteirão (m)	kortteli	[kortteli]
quarteirão (m) residencial	asuinkortteli	[asujŋ·kortteli]
tráfego (m)	liikenne	[liːkenne]
semáforo (m)	liikennevalot	[liːkenne·ʋalot]
transporte (m) público	julkiset kulkuvälineet	[julkiset kulkuʋæːlineːt]
cruzamento (m)	risteys	[risteys]
passadeira (f)	suojatie	[suojatæ]
passagem (f) subterrânea	alikäytävä	[ali·kæytæʋæ]
cruzar, atravessar (vt)	ylittää	[ylittæː]
peão (m)	jalankulkija	[jalaŋkulkija]
passeio (m)	jalkakäytävä	[jalka·kæytæʋæ]
ponte (f)	silta	[silta]
margem (f) do rio	rantakatu	[ranta·katu]
fonte (f)	suihkulähde	[sujhku·læhde]
alameda (f)	lehtikuja	[lehti·kuja]
parque (m)	puisto	[pujsto]
bulevar (m)	bulevardi	[buleʋardi]
praça (f)	aukio	[aukio]
avenida (f)	valtakatu	[ʋalta·katu]
rua (f)	katu	[katu]
travessa (f)	kuja	[kuja]
beco (m) sem saída	umpikuja	[umpikuja]
casa (f)	talo	[talo]
edifício, prédio (m)	rakennus	[rakennus]
arranha-céus (m)	pilvenpiirtäjä	[pilʋen·piːrtæjæ]
fachada (f)	julkisivu	[julki·siʋu]
telhado (m)	katto	[katto]
janela (f)	ikkuna	[ikkuna]
arco (m)	kaari	[kaːri]
coluna (f)	pylväs	[pylʋæs]
esquina (f)	kulma	[kulma]
montra (f)	näyteikkuna	[næyte·ikkuna]
letreiro (m)	kauppakyltti	[kauppa·kyltti]
cartaz (m)	juliste	[juliste]
cartaz (m) publicitário	mainosjuliste	[majnos·juliste]

painel (m) publicitário	mainoskilpi	[majnos·kilpi]
lixo (m)	jäte	[jæte]
cesta (f) do lixo	roskis	[roskis]
jogar lixo na rua	roskata	[roskata]
aterro (m) sanitário	kaatopaikka	[ka:to·pajkka]

cabine (f) telefónica	puhelinkoppi	[puɦeliŋ·koppi]
candeeiro (m) de rua	lyhtypylväs	[lyhty·pyluæs]
banco (m)	penkki	[peŋkki]

polícia (m)	poliisi	[poli:si]
polícia (instituição)	poliisi	[poli:si]
mendigo (m)	kerjäläinen	[kerjælæjnen]
sem-abrigo (m)	koditon	[koditon]

29. Instituições urbanas

loja (f)	kauppa	[kauppa]
farmácia (f)	apteekki	[apte:kki]
ótica (f)	optiikka	[opti:kka]
centro (m) comercial	kauppakeskus	[kauppa·keskus]
supermercado (m)	supermarketti	[super·marketti]

padaria (f)	leipäkauppa	[lejpæ·kauppa]
padeiro (m)	leipuri	[lejpuri]
pastelaria (f)	konditoria	[konditoria]
mercearia (f)	sekatavarakauppa	[sekatauara·kauppa]
talho (m)	lihakauppa	[liɦa·kauppa]

| loja (f) de legumes | vihanneskauppa | [uiɦannes·kauppa] |
| mercado (m) | kauppatori | [kauppa·tori] |

café (m)	kahvila	[kahuila]
restaurante (m)	ravintola	[rauintola]
bar (m), cervejaria (f)	pubi	[pubi]
pizzaria (f)	pizzeria	[pitseria]

salão (m) de cabeleireiro	parturinliike	[parturin·li:ke]
correios (m pl)	posti	[posti]
lavandaria (f)	kemiallinen pesu	[kemiallinen pesu]
estúdio (m) fotográfico	valokuvastudio	[ualokuua·studio]

sapataria (f)	kenkäkauppa	[keŋkæ·kauppa]
livraria (f)	kirjakauppa	[kirja·kauppa]
loja (f) de artigos de desporto	urheilukauppa	[urhejlu·kauppa]

reparação (f) de roupa	vaatteiden korjaus	[ua:ttejden korjaus]
aluguer (m) de roupa	vaate vuokralle	[ua:te uuokralle]
aluguer (m) de filmes	elokuvien vuokra	[elokuuien uuokra]

circo (m)	sirkus	[sirkus]
jardim (m) zoológico	eläintarha	[elæjn·tarha]
cinema (m)	elokuvateatteri	[elokuua·teatteri]
museu (m)	museo	[museo]

biblioteca (f)	kirjasto	[kirjasto]
teatro (m)	teatteri	[teatteri]
ópera (f)	ooppera	[o:ppera]
clube (m) noturno	yökerho	[yø·kerho]
casino (m)	kasino	[kasino]

mesquita (f)	moskeija	[moskeja]
sinagoga (f)	synagoga	[synagoga]
catedral (f)	tuomiokirkko	[tuomio·kirkko]
templo (m)	temppeli	[temppeli]
igreja (f)	kirkko	[kirkko]

instituto (m)	instituutti	[institu:tti]
universidade (f)	yliopisto	[yli·opisto]
escola (f)	koulu	[koulu]

prefeitura (f)	prefektuuri	[prefektu:ri]
câmara (f) municipal	kaupunginhallitus	[kaupuŋin·hallitus]
hotel (m)	hotelli	[hotelli]
banco (m)	pankki	[paŋkki]

embaixada (f)	suurlähetystö	[su:r·læɦetystø]
agência (f) de viagens	matkatoimisto	[matka·tojmisto]
agência (f) de informações	neuvontatoimisto	[neuʋonta·tojmisto]
casa (f) de câmbio	valuutanvaihtotoimisto	[ʋalu:tan·ʋajhto·tojmisto]

| metro (m) | metro | [metro] |
| hospital (m) | sairaala | [sajra:la] |

| posto (m) de gasolina | bensiiniasema | [bensi:ni·asema] |
| parque (m) de estacionamento | parkkipaikka | [parkki·pajkka] |

30. Sinais

letreiro (m)	kauppakyltti	[kauppa·kyltti]
inscrição (f)	kyltti	[kyltti]
cartaz, póster (m)	juliste, plakaatti	[juliste], [plaka:tti]
sinal (m) informativo	osoitin	[osojtin]
seta (f)	nuoli	[nuoli]

aviso (advertência)	varoitus	[ʋarojtus]
sinal (m) de aviso	varoitus	[ʋarojtus]
avisar, advertir (vt)	varoittaa	[ʋarojtta:]

dia (m) de folga	vapaapäivä	[ʋapa:pæejʋæ]
horário (m)	aikataulu	[ajka·taulu]
horário (m) de funcionamento	aukioloaika	[aukiolo·ajka]

BEM-VINDOS!	TERVETULOA!	[terʋetuloa]
ENTRADA	SISÄÄN	[sisæ:n]
SAÍDA	ULOS	[ulos]

| EMPURRE | TYÖNNÄ | [tyønnæ] |
| PUXE | VEDÄ | [ʋedæ] |

| ABERTO | AUKI | [auki] |
| FECHADO | KIINNI | [ki:nni] |

| MULHER | NAISET | [najset] |
| HOMEM | MIEHET | [miehet] |

DESCONTOS	ALE	[ale]
SALDOS	ALENNUSMYYNTI	[alennus·my:nti]
NOVIDADE!	UUTUUS!	[u:tu:s]
GRÁTIS	ILMAISEKSI	[ilmajseksi]

ATENÇÃO!	HUOMIO!	[huomio]
NÃO HÁ VAGAS	EI OLE TILAA	[ej ole tila:]
RESERVADO	VARATTU	[varattu]

| ADMINISTRAÇÃO | HALLINTO | [hallinto] |
| SOMENTE PESSOAL AUTORIZADO | VAIN HENKILÖKUNNALLE | [vajn henkilø·kunnalle] |

CUIDADO CÃO FEROZ	VARO KOIRAA!	[varo kojra:]
PROIBIDO FUMAR!	TUPAKOINTI KIELLETTY	[tupakojnti kielletty]
NÃO TOCAR	EI SAA KOSKEA!	[ej sa: koskea]

PERIGOSO	VAARA	[va:ra]
PERIGO	HENGENVAARA	[heŋenva:ra]
ALTA TENSÃO	SUURJÄNNITE	[su:rjænnite]
PROIBIDO NADAR	UIMINEN KIELLETTY	[ujminen kielletty]
AVARIADO	EI TOIMI	[ej tojmi]

INFLAMÁVEL	SYTTYVÄ	[syttyvæ]
PROIBIDO	KIELLETTY	[kielletty]
ENTRADA PROIBIDA	LÄPIKULKU KIELLETTY	[læpikulku kielletty]
CUIDADO TINTA FRESCA	ON MAALATTU	[on ma:lattu]

31. Compras

comprar (vt)	ostaa	[osta:]
compra (f)	ostos	[ostos]
fazer compras	käydä ostoksilla	[kæydæ ostoksilla]
compras (f pl)	shoppailu	[ʃoppajlu]

| estar aberta (loja, etc.) | toimia | [tojmia] |
| estar fechada | olla kiinni | [olla ki:nni] |

calçado (m)	jalkineet	[jalkine:t]
roupa (f)	vaatteet	[va:tte:t]
cosméticos (m pl)	kosmetiikka	[kosmeti:kka]
alimentos (m pl)	ruokatavarat	[ruoka·tavarat]
presente (m)	lahja	[lahja]

vendedor (m)	myyjä	[my:jæ]
vendedora (f)	myyjätär	[my:jætær]
caixa (f)	kassa	[kassa]
espelho (m)	peili	[pejli]

| balcão (m) | tiski | [tiski] |
| cabine (f) de provas | sovitushuone | [souitus·huone] |

provar (vt)	sovittaa	[souitta:]
servir (vi)	sopia	[sopia]
gostar (apreciar)	pitää, tykätä	[pitæ:], [tykætæ]

preço (m)	hinta	[hinta]
etiqueta (f) de preço	hintalappu	[hinta·lappu]
custar (vt)	maksaa	[maksa:]
Quanto?	Kuinka paljon?	[kujŋka paljon]
desconto (m)	alennus	[alennus]

não caro	halpa	[halpa]
barato	halpa	[halpa]
caro	kallis	[kallis]
É caro	Se on kallista	[se on kallista]

aluguer (m)	vuokra	[uuokra]
alugar (vestidos, etc.)	vuokrata	[uuokrata]
crédito (m)	luotto	[luotto]
a crédito	luotolla	[luotolla]

VESTUÁRIO & ACESSÓRIOS

32. Roupa exterior. Casacos

roupa (f)	vaatteet	[ʋɑːtteːt]
roupa (f) exterior	päällysvaatteet	[pæːllys·ʋɑːtteːt]
roupa (f) de inverno	talvivaatteet	[talʋi·ʋɑːtteːt]
sobretudo (m)	takki	[tɑkki]
casaco (m) de peles	turkki	[turkki]
casaco curto (m) de peles	puoliturkki	[puoli·turkki]
casaco (m) acolchoado	untuvatakki	[untuʋɑ·tɑkki]
casaco, blusão (m)	takki	[tɑkki]
impermeável (m)	sadetakki	[sɑde·tɑkki]
impermeável	vedenpitävä	[ʋeden·pitæʋæ]

33. Vestuário de homem & mulher

camisa (f)	paita	[pɑjtɑ]
calças (f pl)	housut	[housut]
calças (f pl) de ganga	farkut	[fɑrkut]
casaco (m) de fato	pikkutakki	[pikku·tɑkki]
fato (m)	puku	[puku]
vestido (ex. ~ vermelho)	leninki	[leniŋki]
saia (f)	hame	[hɑme]
blusa (f)	pusero	[pusero]
casaco (m) de malha	villapusero	[ʋillɑ·pusero]
casaco, blazer (m)	jakku	[jɑkku]
T-shirt, camiseta (f)	T-paita	[te·pɑjtɑ]
calções (Bermudas, etc.)	shortsit, sortsit	[sortsit]
fato (m) de treino	urheilupuku	[urhejlu·puku]
roupão (m) de banho	kylpytakki	[kylpy·tɑkki]
pijama (m)	pyjama	[pyjɑmɑ]
suéter (m)	villapaita	[ʋillɑ·pɑjtɑ]
pulôver (m)	neulepusero	[neule·pusero]
colete (m)	liivi	[liːʋi]
fraque (m)	frakki	[frɑkki]
smoking (m)	smokki	[smokki]
uniforme (m)	univormu	[uniʋormu]
roupa (f) de trabalho	työvaatteet	[tyø·ʋɑːtteːt]
fato-macaco (m)	haalari	[hɑːlɑri]
bata (~ branca, etc.)	lääkärintakki	[læːkæerin·tɑkki]

34. Vestuário. Roupa interior

roupa (f) interior	alusvaatteet	[alus·ʋɑ:tte:t]
cuecas boxer (f pl)	bokserit	[bokserit]
cuecas (f pl)	pikkuhousut	[pikku·housut]
camisola (f) interior	aluspaita	[alus·pɑjtɑ]
peúgas (f pl)	sukat	[sukɑt]
camisa (f) de noite	yöpuku	[yøpuku]
sutiã (m)	rintaliivit	[rintɑ·li:ʋit]
meias longas (f pl)	polvisukat	[polʋi·sukɑt]
meia-calça (f)	sukkahousut	[sukkɑ·housut]
meias (f pl)	sukat	[sukɑt]
fato (m) de banho	uimapuku	[ujmɑ·puku]

35. Adereços de cabeça

chapéu (m)	hattu	[hɑttu]
chapéu (m) de feltro	fedora-hattu	[fedorɑ·hɑttu]
boné (m) de beisebol	lippalakki	[lippɑ·lɑkki]
boné (m)	lakki	[lɑkki]
boina (f)	baskeri	[bɑskeri]
capuz (m)	huppu	[huppu]
panamá (m)	panamahattu	[pɑnɑmɑ·hɑttu]
gorro (m) de malha	pipo	[pipo]
lenço (m)	huivi	[huiʋi]
chapéu (m) de mulher	naisten hattu	[nɑjsten hɑttu]
capacete (m) de proteção	suojakypärä	[suojɑ·kypæræ]
bibico (m)	suikka	[suikkɑ]
capacete (m)	kypärä	[kypæræ]
chapéu-coco (m)	knalli	[knɑlli]
chapéu (m) alto	silinterihattu	[silinteri·hɑttu]

36. Calçado

calçado (m)	jalkineet	[jɑlkine:t]
botinas (f pl)	varsikengät	[ʋɑrsikeŋæt]
sapatos (de salto alto, etc.)	naisten kengät	[nɑjsten keŋæt]
botas (f pl)	saappaat	[sɑ:ppɑ:t]
pantufas (f pl)	tossut	[tossut]
ténis (m pl)	lenkkitossut	[leŋkki·tossut]
sapatilhas (f pl)	lenkkarit	[leŋkkɑrit]
sandálias (f pl)	sandaalit	[sɑndɑ:lit]
sapateiro (m)	suutari	[su:tɑri]
salto (m)	korko	[korko]

par (m)	pari	[pɑri]
atacador (m)	nauha	[nɑuɦɑ]
apertar os atacadores	sitoa kengännauhat	[sitoɑ keŋænnɑuɦɑt]
calçadeira (f)	kenkälusikka	[keŋkæ·lusikkɑ]
graxa (f) para calçado	kenkävoide	[keŋkæ·ʋojde]

37. Acessórios pessoais

luvas (f pl)	käsineet	[kæsine:t]
mitenes (f pl)	lapaset	[lɑpɑset]
cachecol (m)	kaulaliina	[kɑulɑ·li:nɑ]

óculos (m pl)	silmälasit	[silmæ·lɑsit]
armação (f) de óculos	kehys	[keɦys]
guarda-chuva (m)	sateenvarjo	[sɑte:n·ʋɑrjo]
bengala (f)	kävelykeppi	[kæʋely·keppi]
escova (f) para o cabelo	hiusharja	[hius·hɑrjɑ]
leque (m)	viuhka	[ʋiuhkɑ]

gravata (f)	solmio	[solmio]
gravata-borboleta (f)	rusetti	[rusetti]
suspensórios (m pl)	henkselit	[heŋkselit]
lenço (m)	nenäliina	[nenæ·li:nɑ]

pente (m)	kampa	[kɑmpɑ]
travessão (m)	hiussolki	[hius·solki]
gancho (m) de cabelo	hiusneula	[hius·neulɑ]
fivela (f)	solki	[solki]

cinto (m)	vyö	[ʋyø]
correia (f)	hihna	[hihnɑ]

mala (f)	laukku	[lɑukku]
mala (f) de senhora	käsilaukku	[kæsi·lɑukku]
mochila (f)	reppu	[reppu]

38. Vestuário. Diversos

moda (f)	muoti	[muoti]
na moda	muodikas	[muodikɑs]
estilista (m)	mallisuunnittelija	[mɑlli·su:nnittelijɑ]

colarinho (m), gola (f)	kaulus	[kɑulus]
bolso (m)	tasku	[tɑsku]
de bolso	tasku-	[tɑsku]
manga (f)	hiha	[hiɦɑ]
alcinha (f)	raksi	[rɑksi]
braguilha (f)	halkio	[hɑlkio]

fecho (m) de correr	vetoketju	[ʋeto·ketju]
fecho (m), colchete (m)	kiinnitin	[ki:nnitin]
botão (m)	nappi	[nɑppi]

casa (f) de botão	napinläpi	[nɑpin·læpi]
soltar-se (vr)	irrota	[irrotɑ]

coser, costurar (vi)	ommella	[ommellɑ]
bordar (vt)	kirjoa	[kirjoɑ]
bordado (m)	kirjonta	[kirjontɑ]
agulha (f)	neula	[neulɑ]
fio (m)	lanka	[lɑŋkɑ]
costura (f)	sauma	[sɑumɑ]

sujar-se (vr)	tahraantua	[tɑhrɑ:ntuɑ]
mancha (f)	tahra	[tɑhrɑ]
engelhar-se (vr)	rypistyä	[rypistyæ]
rasgar (vt)	repiä	[repiæ]
traça (f)	koi	[koj]

39. Cuidados pessoais. Cosméticos

pasta (f) de dentes	hammastahna	[hɑmmɑs·tɑhnɑ]
escova (f) de dentes	hammasharja	[hɑmmɑs·hɑrjɑ]
escovar os dentes	harjata hampaita	[hɑrjɑtɑ hɑmpɑjtɑ]

máquina (f) de barbear	partahöylä	[pɑrtɑ·høylæ]
creme (m) de barbear	partavaahdoke	[pɑrtɑ·ʋɑ:hdoke]
barbear-se (vr)	ajaa parta	[ɑjɑ: pɑrtɑ]

sabonete (m)	saippua	[sɑjppuɑ]
champô (m)	sampoo	[sɑmpo:]

tesoura (f)	sakset	[sɑkset]
lima (f) de unhas	kynsiviila	[kynsi·ʋi:lɑ]
corta-unhas (m)	kynsileikkuri	[kynsi·lejkkuri]
pinça (f)	pinsetit	[pinsetit]

cosméticos (m pl)	meikki	[mejkki]
máscara (f) facial	kasvonaamio	[kɑsʋo·nɑ:mio]
manicura (f)	manikyyri	[mɑniky:ri]
fazer a manicura	hoitaa kynsiä	[hojtɑ: kynsiæ]
pedicure (f)	jalkahoito	[jɑlkɑ·hojto]

mala (f) de maquilhagem	meikkipussi	[mejkki·pussi]
pó (m)	puuteri	[pu:teri]
caixa (f) de pó	puuterirasia	[pu:teri·rɑsiɑ]
blush (m)	poskipuna	[poski·punɑ]

perfume (m)	parfyymi	[pɑrfy:mi]
água (f) de toilette	eau de toilette, hajuvesi	[o·de·tuɑlet], [hɑju·ʋesi]
loção (f)	kasvovesi	[kɑsʋo·ʋesi]
água-de-colónia (f)	kölninvesi	[kølnin·ʋesi]

sombra (f) de olhos	luomiväri	[luomi·ʋæri]
lápis (m) delineador	rajauskynä	[rɑjɑus·kynæ]
máscara (f), rímel (m)	ripsiväri	[ripsi·ʋæri]
batom (m)	huulipuna	[hu:li·punɑ]

verniz (m) de unhas	kynsilakka	[kynsi·lakka]
laca (f) para cabelos	hiuslakka	[hius·lakka]
desodorizante (m)	deodorantti	[deodorantti]
creme (m)	voide	[ʋojde]
creme (m) de rosto	kasvovoide	[kasʋo·ʋojde]
creme (m) de mãos	käsivoide	[kæsi·ʋojde]
creme (m) antirrugas	ryppyvoide	[ryppy·ʋojde]
creme (m) de dia	päivävoide	[pæjʋæ·ʋojde]
creme (m) de noite	yövoide	[yø·ʋojde]
de dia	päivä-	[pæjʋæ]
da noite	yö-	[yø]
tampão (m)	tamponi	[tamponi]
papel (m) higiénico	vessapaperi	[ʋessa·paperi]
secador (m) elétrico	hiustenkuivaaja	[hiusteŋ·kujʋa:ja]

40. Relógios de pulso. Relógios

relógio (m) de pulso	rannekello	[ranne·kello]
mostrador (m)	kellotaulu	[kello·taulu]
ponteiro (m)	osoitin	[osojtin]
bracelete (f) em aço	metalliranneke	[metalli·ranneke]
bracelete (f) em couro	ranneke	[ranneke]
pilha (f)	paristo	[paristo]
descarregar-se	olla tyhjä	[olla tyhjæ]
trocar a pilha	vaihtaa paristo	[ʋajhta: paristo]
estar adiantado	edistää	[edistæ:]
estar atrasado	jätättää	[ætæ:ttæ:]
relógio (m) de parede	seinäkello	[sejnæ·kello]
ampulheta (f)	tiimalasi	[ti:malasi]
relógio (m) de sol	aurinkokello	[auriŋko·kello]
despertador (m)	herätyskello	[herætys·kello]
relojoeiro (m)	kelloseppä	[kello·seppæ]
reparar (vt)	korjata	[korjata]

EXPERIÊNCIA DO QUOTIDIANO

41. Dinheiro

dinheiro (m)	raha, rahat	[raĥa], [raĥat]
câmbio (m)	valuutanvaihto	[ʋɑlu:tɑn·ʋɑjhto]
taxa (f) de câmbio	kurssi	[kurssi]
Caixa Multibanco (m)	pankkiautomaatti	[paŋkki·ɑutomɑ:tti]
moeda (f)	kolikko	[kolikko]

dólar (m)	dollari	[dollɑri]
euro (m)	euro	[euro]

lira (f)	liira	[li:rɑ]
marco (m)	markka	[mɑrkkɑ]
franco (m)	frangi	[frɑŋi]
libra (f) esterlina	punta	[puntɑ]
iene (m)	jeni	[jeni]

dívida (f)	velka	[ʋelkɑ]
devedor (m)	velallinen	[ʋelɑllinen]
emprestar (vt)	lainata jollekulle	[lɑjnɑtɑ jolekulle]
pedir emprestado	lainata joltakulta	[lɑjnɑtɑ joltɑkultɑ]

banco (m)	pankki	[paŋkki]
conta (f)	tili	[tili]
depositar (vt)	tallettaa	[talletta:]
depositar na conta	tallettaa rahaa tilille	[talletta: raĥa: tilille]
levantar (vt)	nostaa rahaa tililtä	[nosta: raĥa: tililtɑ]

cartão (m) de crédito	luottokortti	[luotto·kortti]
dinheiro (m) vivo	käteinen	[kætejnen]
cheque (m)	sekki	[sekki]
passar um cheque	kirjoittaa shekki	[kirjoitta: ʃekki]
livro (m) de cheques	sekkivihko	[sekki·ʋihko]

carteira (f)	lompakko	[lompakko]
porta-moedas (m)	kukkaro	[kukkaro]
cofre (m)	kassakaappi	[kassa·ka:ppi]

herdeiro (m)	perillinen	[perillinen]
herança (f)	perintö	[perintø]
fortuna (riqueza)	varallisuus	[ʋarɑllisu:s]

arrendamento (m)	vuokraus	[ʋuokraus]
renda (f) de casa	asuntovuokra	[asunto·ʋuokra]
alugar (vt)	vuokrata	[ʋuokrata]

preço (m)	hinta	[hinta]
custo (m)	hinta	[hinta]

soma (f)	summa	[summɑ]
gastar (vt)	kuluttaa	[kuluttɑ:]
gastos (m pl)	kulut	[kulut]
economizar (vi)	säästäväisesti	[sæ:stæʋæjsesti]
económico	säästäväinen	[sæ:stæʋæjnen]

pagar (vt)	maksaa	[mɑksɑ:]
pagamento (m)	maksu	[mɑksu]
troco (m)	vaihtoraha	[ʋɑjhto·rɑhɑ]

imposto (m)	vero	[ʋero]
multa (f)	sakko	[sɑkko]
multar (vt)	sakottaa	[sɑkottɑ:]

42. Correios. Serviço postal

correios (m pl)	posti	[posti]
correio (m)	posti	[posti]
carteiro (m)	postinkantaja	[postiŋ·kɑntɑjɑ]
horário (m)	virka-aika	[ʋirkɑ·ɑjkɑ]

carta (f)	kirje	[kirje]
carta (f) registada	kirjattu kirje	[kirjɑttu kirje]
postal (m)	postikortti	[posti·kortti]
telegrama (m)	sähke	[sæhke]
encomenda (f) postal	paketti	[pɑketti]
remessa (f) de dinheiro	rahalähetys	[rɑhɑ·læhetys]

receber (vt)	vastaanottaa	[ʋɑstɑ:nottɑ:]
enviar (vt)	lähettää	[læhettæ:]
envio (m)	lähettäminen	[læhettæminen]
endereço (m)	osoite	[osojte]
código (m) postal	postinumero	[posti·numero]
remetente (m)	lähettäjä	[læhettæjæ]
destinatário (m)	saaja, vastaanottaja	[sɑ:jɑ], [ʋɑstɑ:nottɑjɑ]

nome (m)	nimi	[nimi]
apelido (m)	sukunimi	[suku·nimi]
tarifa (f)	hinta, tariffi	[hintɑ], [tɑriffi]
ordinário	tavallinen	[tɑʋɑllinen]
económico	edullinen	[edullinen]

peso (m)	paino	[pɑjno]
pesar (estabelecer o peso)	punnita	[punnitɑ]
envelope (m)	kirjekuori	[kirje·kuori]
selo (m)	postimerkki	[posti·merkki]
colar o selo	liimata postimerkki	[li:mɑtɑ posti·merkki]

43. Banca

| banco (m) | pankki | [pɑŋkki] |
| sucursal, balcão (f) | osasto | [osɑsto] |

consultor (m)	neuvoja	[neuʋoja]
gerente (m)	johtaja	[johtaja]
conta (f)	tili	[tili]
número (m) da conta	tilinumero	[tili·numero]
conta (f) corrente	käyttötili	[kæyttø·tili]
conta (f) poupança	säästötili	[sæ:stø·tili]
abrir uma conta	avata tili	[aʋata tili]
fechar uma conta	kuolettaa tili	[kuoletta: tili]
depositar na conta	tallettaa rahaa tilille	[talletta: raħa: tilille]
levantar (vt)	nostaa rahaa tililtä	[nosta: raħa: tililta]
depósito (m)	talletus	[talletus]
fazer um depósito	tallettaa	[talletta:]
transferência (f) bancária	rahansiirto	[raħan·si:rto]
transferir (vt)	siirtää	[si:rtæ:]
soma (f)	summa	[summa]
Quanto?	paljonko	[paljoŋko]
assinatura (f)	allekirjoitus	[alle·kirjoitus]
assinar (vt)	allekirjoittaa	[allekirjoitta:]
cartão (m) de crédito	luottokortti	[luotto·kortti]
código (m)	koodi	[ko:di]
número (m) do cartão de crédito	luottokortin numero	[luotto·kortin numero]
Caixa Multibanco (m)	pankkiautomaatti	[paŋkki·automa:tti]
cheque (m)	sekki	[sekki]
passar um cheque	kirjoittaa sekki	[kirjoitta: sekki]
livro (m) de cheques	sekkivihko	[sekki·ʋihko]
empréstimo (m)	laina	[lajna]
pedir um empréstimo	hakea lainaa	[hakea lajna:]
obter um empréstimo	saada lainaa	[sa:da lajna:]
conceder um empréstimo	antaa lainaa	[anta: lajna:]
garantia (f)	takuu	[taku:]

44. Telefone. Conversação telefónica

telefone (m)	puhelin	[puħelin]
telemóvel (m)	matkapuhelin	[matka·puħelin]
secretária (f) electrónica	puhelinvastaaja	[puħelin·ʋasta:ja]
fazer uma chamada	soittaa	[sojtta:]
chamada (f)	soitto, puhelu	[sojtto], [puħelu]
marcar um número	valita numero	[ʋalita numero]
Alô!	Hei!	[hej]
perguntar (vt)	kysyä	[kysyæ]
responder (vt)	vastata	[ʋastata]
ouvir (vt)	kuulla	[ku:lla]

bem	hyvin	[hyʋin]
mal	huonosti	[huonosti]
ruído (m)	häiriöt	[hæjriøt]

auscultador (m)	kuuloke	[ku:loke]
pegar o telefone	nostaa luuri	[nosta: lu:ri]
desligar (vi)	lopettaa puhelu	[lopetta: puhelu]

ocupado	varattu	[ʋarattu]
tocar (vi)	soittaa	[sojtta:]
lista (f) telefónica	puhelinluettelo	[puhelin·luettelo]

local	paikallis-	[pajkallis]
chamada (f) local	paikallispuhelu	[pajkallis·puhelu]
de longa distância	kauko-	[kauko]
chamada (f) de longa distância	kaukopuhelu	[kauko·puhelu]
internacional	ulkomaa	[ulkoma:]
chamada (f) internacional	ulkomaanpuhelu	[ulkoma:n·puhelu]

45. Telefone móvel

telemóvel (m)	matkapuhelin	[matka·puhelin]
ecrã (m)	näyttö	[næyttø]
botão (m)	näppäin	[næppæjn]
cartão SIM (m)	SIM-kortti	[sim·kortti]

bateria (f)	paristo	[paristo]
descarregar-se	olla tyhjä	[olla tyhjæ]
carregador (m)	laturi	[laturi]

menu (m)	valikko	[ʋalikko]
definições (f pl)	asetukset	[asetukset]
melodia (f)	melodia	[melodia]
escolher (vt)	valita	[ʋalita]

calculadora (f)	laskin	[laskin]
correio (m) de voz	puhelinvastaaja	[puhelin·ʋasta:ja]
despertador (m)	herätyskello	[herætys·kello]
contatos (m pl)	puhelinluettelo	[puhelin·luettelo]

| mensagem (f) de texto | tekstiviesti | [teksti·ʋiesti] |
| assinante (m) | tilaaja | [tila:ja] |

46. Estacionário

| caneta (f) | täytekynä | [tæyte·kynæ] |
| caneta (f) tinteiro | sulkakynä | [sulka·kynæ] |

lápis (m)	lyijykynä	[lyjy·kynæ]
marcador (m)	korostuskynä	[korostus·kynæ]
caneta (f) de feltro	huopakynä	[huopa·kynæ]

bloco (m) de notas	lehtiö	[lehtiø]
agenda (f)	päiväkirja	[pæjuæ·kirjɑ]

régua (f)	viivoitin	[ʋiːʋojtin]
calculadora (f)	laskin	[lɑskin]
borracha (f)	kumi	[kumi]
pionés (m)	nasta	[nɑstɑ]
clipe (m)	paperiliitin	[pɑperi·liːtin]

cola (f)	liima	[liːmɑ]
agrafador (m)	nitoja	[nitojɑ]
furador (m)	rei'itin	[rej·itin]
afia-lápis (m)	teroitin	[terojtin]

47. Línguas estrangeiras

língua (f)	kieli	[kieli]
estrangeiro	vieras	[ʋierɑs]
língua (f) estrangeira	vieras kieli	[ʋierɑs kieli]
estudar (vt)	opiskella	[opiskellɑ]
aprender (vt)	opetella	[opetellɑ]

ler (vt)	lukea	[lukeɑ]
falar (vi)	puhua	[puɦuɑ]
compreender (vt)	ymmärtää	[ymmærtæː]
escrever (vt)	kirjoittaa	[kirjoittɑː]

rapidamente	nopeasti	[nopeɑsti]
devagar	hitaasti	[hitɑːsti]
fluentemente	sujuvasti	[sujuʋɑsti]

regras (f pl)	säännöt	[sæːnnøt]
gramática (f)	kielioppi	[kieli·oppi]
vocabulário (m)	sanasto	[sɑnɑsto]
fonética (f)	fonetiikka	[fonetiːkkɑ]

manual (m) escolar	oppikirja	[oppi·kirjɑ]
dicionário (m)	sanakirja	[sɑnɑ·kirjɑ]
manual (m) de autoaprendizagem	itseopiskeluopas	[itseopiskelu·opɑs]
guia (m) de conversação	fraasisanakirja	[frɑːsi·sɑnɑ·kirjɑ]

cassete (f)	kasetti	[kɑsetti]
vídeo cassete (m)	videokasetti	[ʋideo·kɑsetti]
CD (m)	CD-levy	[sede·leʋy]
DVD (m)	DVD-levy	[deʋede·leʋy]

alfabeto (m)	aakkoset	[ɑːkkoset]
soletrar (vt)	kirjoittaa	[kirjoittɑː]
pronúncia (f)	artikulaatio	[ɑrtikulɑːtio]

sotaque (m)	korostus	[korostus]
com sotaque	vieraasti korostaen	[ʋierɑːsti korostɑen]
sem sotaque	ilman korostusta	[ilmɑn korostustɑ]

| palavra (f) | sana | [sɑnɑ] |
| sentido (m) | merkitys | [merkitys] |

cursos (m pl)	kurssi	[kurssi]
inscrever-se (vr)	ilmoittautua	[ilmojttautuɑ]
professor (m)	opettaja	[opettɑjɑ]

tradução (processo)	kääntäminen	[kæ:ntæminen]
tradução (texto)	käännös	[kæ:nnøs]
tradutor (m)	kääntäjä	[kæ:ntæjæ]
intérprete (m)	tulkki	[tulkki]

| poliglota (m) | monikielinen | [moni·kielinen] |
| memória (f) | muisti | [mujsti] |

REFEIÇÕES. RESTAURANTE

48. Por a mesa

colher (f)	lusikka	[lusikka]
faca (f)	veitsi	[ʋejtsi]
garfo (m)	haarukka	[haːrukka]
chávena (f)	kuppi	[kuppi]
prato (m)	lautanen	[lautanen]
pires (m)	teevati	[teːʋati]
guardanapo (m)	lautasliina	[lautas·liːna]
palito (m)	hammastikku	[hammas·tikku]

49. Restaurante

restaurante (m)	ravintola	[raʋintola]
café (m)	kahvila	[kahʋila]
bar (m), cervejaria (f)	baari	[baːri]
salão (m) de chá	teehuone	[teːhuone]
empregado (m) de mesa	tarjoilija	[tarjoilija]
empregada (f) de mesa	tarjoilijatar	[tarjoilijatar]
barman (m)	baarimestari	[baːri·mestari]
ementa (f)	ruokalista	[ruoka·lista]
lista (f) de vinhos	viinilista	[ʋiːni·lista]
reservar uma mesa	varata pöytä	[ʋarata pøytæ]
prato (m)	ruokalaji	[ruoka·laji]
pedir (vt)	tilata	[tilata]
fazer o pedido	tilata	[tilata]
aperitivo (m)	aperitiivi	[aperiti:ʋi]
entrada (f)	alkupala	[alku·pala]
sobremesa (f)	jälkiruoka	[jælki·ruoka]
conta (f)	lasku	[lasku]
pagar a conta	maksaa lasku	[maksa: lasku]
dar o troco	antaa vaihtorahaa	[anta: ʋajhtoraha:]
gorjeta (f)	juomaraha	[juoma·raħa]

50. Refeições

comida (f)	ruoka	[ruoka]
comer (vt)	syödä	[syødæ]

pequeno-almoço (m)	aamiainen	[ɑ:miɑjnen]
tomar o pequeno-almoço	syödä aamiaista	[syødæ ɑ:miɑjstɑ]
almoço (m)	lounas	[lounɑs]
almoçar (vi)	syödä lounasta	[syødæ lounɑstɑ]
jantar (m)	illallinen	[illɑllinen]
jantar (vi)	syödä illallista	[syødæ illɑllistɑ]

| apetite (m) | ruokahalu | [ruokɑ·hɑlu] |
| Bom apetite! | Hyvää ruokahalua! | [hyʋæ: ruokɑhɑluɑ] |

abrir (~ uma lata, etc.)	avata	[ɑʋɑtɑ]
derramar (vt)	läikyttää	[læjkyttæ:]
derramar-se (vr)	läikkyä	[læjkkyæ]

ferver (vi)	kiehua	[kiehuɑ]
ferver (vt)	keittää	[kejttæ:]
fervido	keitetty	[kejtetty]
arrefecer (vt)	jäähdyttää	[jæ:hdyttæ:]
arrefecer-se (vr)	jäähtyä	[jæ:htyæ]

| sabor, gosto (m) | maku | [mɑku] |
| gostinho (m) | sivumaku | [siʋu·mɑku] |

fazer dieta	olla dieetillä	[ollɑ die:tilæ]
dieta (f)	dieetti	[die:ti]
vitamina (f)	vitamiini	[ʋitɑmi:ni]
caloria (f)	kalori	[kɑlori]
vegetariano (m)	kasvissyöjä	[kɑsʋissyøjæ]
vegetariano	kasvis-	[kɑsʋis]

gorduras (f pl)	rasvat	[rɑsʋɑt]
proteínas (f pl)	proteiinit	[protei:nit]
carboidratos (m pl)	hiilihydraatit	[hi:li·hydrɑ:tit]
fatia (~ de limão, etc.)	viipale	[ʋi:pɑle]
pedaço (~ de bolo)	pala, viipale	[pɑlɑ], [ʋi:pɑle]
migalha (f)	muru	[muru]

51. Pratos cozinhados

prato (m)	ruokalaji	[ruokɑ·lɑji]
cozinha (~ portuguesa)	keittiö	[kejttiø]
receita (f)	resepti	[resepti]
porção (f)	annos	[ɑnnos]

| salada (f) | salaatti | [sɑlɑ:tti] |
| sopa (f) | keitto | [kejtto] |

caldo (m)	liemi	[liemi]
sandes (f)	voileipä	[ʋoj·lejpæ]
ovos (m pl) estrelados	paistettu muna	[pɑjstettu munɑ]

hambúrguer (m)	hampurilainen	[hɑmpurilɑjnen]
bife (m)	pihvi	[pihʋi]
conduto (m)	lisäke	[lisæke]

espaguete (m)	spagetti	[spagetti]
puré (m) de batata	perunasose	[peruna·sose]
pizza (f)	pizza	[pitsa]
papa (f)	puuro	[pu:ro]
omelete (f)	munakas	[munakas]

cozido em água	keitetty	[kejtetty]
fumado	savustettu	[sauustettu]
frito	paistettu	[pajstettu]
seco	kuivattu	[kujuattu]
congelado	jäädytetty	[jæ:dytetty]
em conserva	säilötty	[sæjløtty]

doce (açucarado)	makea	[makea]
salgado	suolainen	[suolajnen]
frio	kylmä	[kylmæ]
quente	kuuma	[ku:ma]
amargo	karvas	[karuas]
gostoso	maukas	[maukas]

cozinhar (em água a ferver)	keittää	[kejttæ:]
fazer, preparar (vt)	laittaa ruokaa	[lajtta: ruoka:]
fritar (vt)	paistaa	[pajsta:]
aquecer (vt)	lämmittää	[læmmittæ:]

salgar (vt)	suolata	[suolata]
apimentar (vt)	pippuroida	[pippurojda]
ralar (vt)	raastaa	[ra:sta:]
casca (f)	kuori	[kuori]
descascar (vt)	kuoria	[kuoria]

52. Comida

carne (f)	liha	[liha]
galinha (f)	kana	[kana]
frango (m)	kananpoika	[kanan·pojka]
pato (m)	ankka	[aŋkka]
ganso (m)	hanhi	[hanhi]
caça (f)	riista	[ri:sta]
peru (m)	kalkkuna	[kalkkuna]

carne (f) de porco	sianliha	[sian·liha]
carne (f) de vitela	vasikanliha	[uasikan·liha]
carne (f) de carneiro	lampaanliha	[lampa:n·liha]
carne (f) de vaca	naudanliha	[naudan·liha]
carne (f) de coelho	kaniini	[kani:ni]

chouriço, salsichão (m)	makkara	[makkara]
salsicha (f)	nakki	[nakki]
bacon (m)	pekoni	[pekoni]
fiambre (f)	kinkku	[kiŋkku]
presunto (m)	savustettu kinkku	[sauustettu kiŋkku]
patê (m)	patee	[pate:]
fígado (m)	maksa	[maksa]

| carne (f) moída | jauheliha | [jauɦe·liɦa] |
| língua (f) | kieli | [kieli] |

ovo (m)	muna	[muna]
ovos (m pl)	munat	[munat]
clara (f) do ovo	valkuainen	[ʋalku·ajnen]
gema (f) do ovo	keltuainen	[keltuajnen]

peixe (m)	kala	[kala]
mariscos (m pl)	meren antimet	[meren antimet]
crustáceos (m pl)	äyriäiset	[æyriæjset]
caviar (m)	kaviaari	[kaʋiaːri]

caranguejo (m)	kuningasrapu	[kuniŋas·rapu]
camarão (m)	katkarapu	[katkarapu]
ostra (f)	osteri	[osteri]
lagosta (f)	langusti	[laŋusti]
polvo (m)	meritursas	[meri·tursas]
lula (f)	kalmari	[kalmari]

esturjão (m)	sampi	[sampi]
salmão (m)	lohi	[loɦi]
halibute (m)	pallas	[pallas]

bacalhau (m)	turska	[turska]
cavala, sarda (f)	makrilli	[makrilli]
atum (m)	tonnikala	[tonnikala]
enguia (f)	ankerias	[aŋkerias]

truta (f)	taimen	[tajmen]
sardinha (f)	sardiini	[sardiːni]
lúcio (m)	hauki	[hauki]
arenque (m)	silli	[silli]

pão (m)	leipä	[lejpæ]
queijo (m)	juusto	[juːsto]
açúcar (m)	sokeri	[sokeri]
sal (m)	suola	[suola]

arroz (m)	riisi	[riːsi]
massas (f pl)	pasta, makaroni	[pasta], [makaroni]
talharim (m)	nuudeli	[nuːdeli]

manteiga (f)	voi	[ʋoj]
óleo (m) vegetal	kasviöljy	[kasʋi·øljy]
óleo (m) de girassol	auringonkukkaöljy	[auriŋon·kukka·øljy]
margarina (f)	margariini	[margariːni]

| azeitonas (f pl) | oliivit | [oliːʋit] |
| azeite (m) | oliiviöljy | [oliːʋi·øljy] |

leite (m)	maito	[majto]
leite (m) condensado	maitotiiviste	[majto·tiːʋiste]
iogurte (m)	jogurtti	[jogurtti]
nata (f) azeda	hapankerma	[hapan·kerma]
nata (f) do leite	kerma	[kerma]

| maionese (f) | majoneesi | [majone:si] |
| creme (m) | kreemi | [kre:mi] |

grãos (m pl) de cereais	suurimot	[su:rimot]
farinha (f)	jauhot	[jauɦot]
enlatados (m pl)	säilyke	[sæjlyke]

flocos (m pl) de milho	maissimurot	[majssi·murot]
mel (m)	hunaja	[hunaja]
doce (m)	hillo	[hillo]
pastilha (f) elástica	purukumi	[puru·kumi]

53. Bebidas

água (f)	vesi	[ʋesi]
água (f) potável	juomavesi	[juoma·ʋesi]
água (f) mineral	kivennäisvesi	[kiʋennæjs·ʋesi]

sem gás	ilman hiilihappoa	[ilman hi:li·happoa]
gaseificada	hiilihappovettä	[hi:li·happoʋetta]
com gás	hiilihappoinen	[hi:li·happojnen]
gelo (m)	jää	[jæ:]
com gelo	jään kanssa	[jæ:n kanssa]

sem álcool	alkoholiton	[alkoɦoliton]
bebida (f) sem álcool	alkoholiton juoma	[alkoɦoliton juoma]
refresco (m)	virvoitusjuoma	[ʋirʋojtus·juoma]
limonada (f)	limonadi	[limonadi]

bebidas (f pl) alcoólicas	alkoholijuomat	[alkoɦoli·juomat]
vinho (m)	viini	[ʋi:ni]
vinho (m) branco	valkoviini	[ʋalko·ʋi:ni]
vinho (m) tinto	punaviini	[puna·ʋi:ni]

licor (m)	likööri	[likø:ri]
champanhe (m)	samppanja	[samppanja]
vermute (m)	vermutti	[ʋermutti]

uísque (m)	viski	[ʋiski]
vodka (f)	votka, vodka	[ʋotka], [ʋodka]
gim (m)	gini	[gini]
conhaque (m)	konjakki	[konjakki]
rum (m)	rommi	[rommi]

café (m)	kahvi	[kahʋi]
café (m) puro	musta kahvi	[musta kahʋi]
café (m) com leite	maitokahvi	[majto·kahʋi]
cappuccino (m)	cappuccino	[kaputʃi:no]
café (m) solúvel	murukahvi	[muru·kahʋi]

leite (m)	maito	[majto]
coquetel (m)	cocktail	[koktejl]
batido (m) de leite	pirtelö	[pirtelø]
sumo (m)	mehu	[meɦu]

sumo (m) de tomate	tomaattimehu	[toma:tti·mehu]
sumo (m) de laranja	appelsiinimehu	[appelsi:ni·mehu]
sumo (m) fresco	tuoremehu	[tuore·mehu]
cerveja (f)	olut	[olut]
cerveja (f) clara	vaalea olut	[va:lea olut]
cerveja (f) preta	tumma olut	[tumma olut]
chá (m)	tee	[te:]
chá (m) preto	musta tee	[musta te:]
chá (m) verde	vihreä tee	[vihreæ te:]

54. Vegetais

legumes (m pl)	vihannekset	[vihannekset]
verduras (f pl)	lehtikasvikset	[lehti·kasvikset]
tomate (m)	tomaatti	[toma:tti]
pepino (m)	kurkku	[kurkku]
cenoura (f)	porkkana	[porkkana]
batata (f)	peruna	[peruna]
cebola (f)	sipuli	[sipuli]
alho (m)	valkosipuli	[valko·sipuli]
couve (f)	kaali	[ka:li]
couve-flor (f)	kukkakaali	[kukka·ka:li]
couve-de-bruxelas (f)	brysselinkaali	[brysseliŋ·ka:li]
brócolos (m pl)	parsakaali	[parsa·ka:li]
beterraba (f)	punajuuri	[puna·ju:ri]
beringela (f)	munakoiso	[muna·kojso]
curgete (f)	kesäkurpitsa	[kesæ·kurpitsa]
abóbora (f)	kurpitsa	[kurpitsa]
nabo (m)	nauris	[nauris]
salsa (f)	persilja	[persilja]
funcho, endro (m)	tilli	[tilli]
alface (f)	lehtisalaatti	[lehti·sala:tti]
aipo (m)	selleri	[selleri]
espargo (m)	parsa	[parsa]
espinafre (m)	pinaatti	[pina:tti]
ervilha (f)	herne	[herne]
fava (f)	pavut	[pavut]
milho (m)	maissi	[majssi]
feijão (m)	pavut	[pavut]
pimentão (m)	paprika	[paprika]
rabanete (m)	retiisi	[reti:si]
alcachofra (f)	artisokka	[artisokka]

55. Frutos. Nozes

fruta (f)	hedelmä	[hedelmæ]
maçã (f)	omena	[omena]
pera (f)	päärynä	[pæːrynæ]
limão (m)	sitruuna	[sitruːna]
laranja (f)	appelsiini	[appelsiːni]
morango (m)	mansikka	[mansikka]
tangerina (f)	mandariini	[mandariːni]
ameixa (f)	luumu	[luːmu]
pêssego (m)	persikka	[persikka]
damasco (m)	aprikoosi	[aprikoːsi]
framboesa (f)	vadelma	[vadelma]
ananás (m)	ananas	[ananas]
banana (f)	banaani	[banaːni]
melancia (f)	vesimeloni	[vesi·meloni]
uva (f)	viinirypäleet	[viːniˑrypæleːt]
ginja (f)	hapankirsikka	[hapan·kirsikka]
cereja (f)	linnunkirsikka	[linnun·kirsikka]
meloa (f)	meloni	[meloni]
toranja (f)	greippi	[grejppi]
abacate (m)	avokado	[avokado]
papaia (f)	papaija	[papaija]
manga (f)	mango	[maŋo]
romã (f)	granaattiomena	[granaːtti·omena]
groselha (f) vermelha	punaherukka	[puna·herukka]
groselha (f) preta	mustaherukka	[musta·herukka]
groselha (f) espinhosa	karviainen	[karviajnen]
mirtilo (m)	mustikka	[mustikka]
amora silvestre (f)	karhunvatukka	[karhun·vatukka]
uvas (f pl) passas	rusina	[rusina]
figo (m)	viikuna	[viːkuna]
tâmara (f)	taateli	[taːteli]
amendoim (m)	maapähkinä	[maːpæhkinæ]
amêndoa (f)	manteli	[manteli]
noz (f)	saksanpähkinä	[saksan·pæhkinæ]
avelã (f)	hasselpähkinä	[hassel·pæhkinæ]
coco (m)	kookospähkinä	[koːkos·pæhkinæ]
pistáchios (m pl)	pistaasi	[pistaːsi]

56. Pão. Bolaria

pastelaria (f)	konditoriatuotteet	[konditorja·tuotteːt]
pão (m)	leipä	[lejpæ]
bolacha (f)	keksit	[keksit]
chocolate (m)	suklaa	[suklaː]
de chocolate	suklaa-	[suklaː]

rebuçado (m)	karamelli	[karamelli]
bolo (cupcake, etc.)	leivos	[lejuos]
bolo (m) de aniversário	kakku	[kakku]

| tarte (~ de maçã) | piirakka | [pi:rakka] |
| recheio (m) | täyte | [tæyte] |

doce (m)	hillo	[hillo]
geleia (f) de frutas	marmeladi	[marmeladi]
waffle (m)	vohvelit	[uohuelit]
gelado (m)	jäätelö	[jæ:telø]
pudim (m)	vanukas	[vanukas]

57. Especiarias

sal (m)	suola	[suola]
salgado	suolainen	[suolajnen]
salgar (vt)	suolata	[suolata]

pimenta (f) preta	musta pippuri	[musta pippuri]
pimenta (f) vermelha	kuuma pippuri	[ku:ma pippuri]
mostarda (f)	sinappi	[sinappi]
raiz-forte (f)	piparjuuri	[pipar·ju:ri]

condimento (m)	höyste	[høyste]
especiaria (f)	mauste	[mauste]
molho (m)	kastike	[kastike]
vinagre (m)	etikka	[etikka]

anis (m)	anis	[anis]
manjericão (m)	basilika	[basilika]
cravo (m)	neilikka	[nejlikka]
gengibre (m)	inkivääri	[iŋkiuæ:ri]
coentro (m)	korianteri	[korianteri]
canela (f)	kaneli	[kaneli]

sésamo (m)	seesami	[se:sami]
folhas (f pl) de louro	laakerinlehti	[la:kerin·lehti]
páprica (f)	paprika	[paprika]
cominho (m)	kumina	[kumina]
açafrão (m)	sahrami	[sahrami]

INFORMAÇÃO PESSOAL. FAMÍLIA

58. Informação pessoal. Formulários

nome (m)	nimi	[nimi]
apelido (m)	sukunimi	[suku·nimi]
data (f) de nascimento	syntymäpäivä	[syntymæ·pæjʋæ]
local (m) de nascimento	syntymäpaikka	[syntymæ·pɑjkkɑ]

nacionalidade (f)	kansallisuus	[kɑnsɑllisu:s]
lugar (m) de residência	asuinpaikka	[ɑsujn·pɑjkkɑ]
país (m)	maa	[mɑ:]
profissão (f)	ammatti	[ɑmmɑtti]

sexo (m)	sukupuoli	[suku·puoli]
estatura (f)	pituus	[pitu:s]
peso (m)	paino	[pɑjno]

59. Membros da família. Parentes

mãe (f)	äiti	[æjti]
pai (m)	isä	[isæ]
filho (m)	poika	[pojkɑ]
filha (f)	tytär	[tytær]

filha (f) mais nova	nuorempi tytär	[nuorempi tytær]
filho (m) mais novo	nuorempi poika	[nuorempi pojkɑ]
filha (f) mais velha	vanhempi tytär	[ʋanhempi tytær]
filho (m) mais velho	vanhempi poika	[ʋanhempi pojkɑ]

irmão (m)	veli	[ʋeli]
irmão (m) mais velho	vanhempi veli	[ʋanhempi ʋeli]
irmão (m) mais novo	nuorempi veli	[nuorempi ʋeli]
irmã (f)	sisar	[sisɑr]
irmã (f) mais velha	vanhempi sisar	[ʋanhempi sisɑr]
irmã (f) mais nova	nuorempi sisar	[nuorempi sisɑr]

primo (m)	serkku	[serkku]
prima (f)	serkku	[serkku]
mamã (f)	äiti	[æjti]
papá (m)	isä	[isæ]
pais (pl)	vanhemmat	[ʋanhemmat]
criança (f)	lapsi	[lɑpsi]
crianças (f pl)	lapset	[lɑpset]

avó (f)	isoäiti	[iso·æjti]
avô (m)	isoisä	[iso·isæ]
neto (m)	lapsenlapsi	[lɑpsen·lɑpsi]

| neta (f) | lapsenlapsi | [lɑpsen·lɑpsi] |
| netos (pl) | lastenlapset | [lɑsten·lɑpset] |

tio (m)	setä	[setæ]
tia (f)	täti	[tæti]
sobrinho (m)	veljenpoika	[ʋeljen·pojkɑ]
sobrinha (f)	sisarenpoika	[sisɑren·pojkɑ]

sogra (f)	anoppi	[ɑnoppi]
sogro (m)	appi	[ɑppi]
genro (m)	vävy	[ʋæʋy]
madrasta (f)	äitipuoli	[æjti·puoli]
padrasto (m)	isäpuoli	[isæ·puoli]

criança (f) de colo	rintalapsi	[rintɑ·lɑpsi]
bebé (m)	vauva	[ʋɑuʋɑ]
menino (m)	lapsi, pienokainen	[lɑpsi], [pienokɑjnen]

mulher (f)	vaimo	[ʋɑjmo]
marido (m)	mies	[mies]
esposo (m)	aviomies	[ɑʋiomies]
esposa (f)	aviovaimo	[ɑʋioʋɑjmo]

casado	naimisissa	[nɑjmisissɑ]
casada	naimisissa	[nɑjmisissɑ]
solteiro	naimaton	[nɑjmɑton]
solteirão (m)	poikamies	[pojkɑmies]
divorciado	eronnut	[eronnut]
viúva (f)	leski	[leski]
viúvo (m)	leski	[leski]

parente (m)	sukulainen	[sukulɑjnen]
parente (m) próximo	lähisukulainen	[læɦi·sukulɑjnen]
parente (m) distante	kaukainen sukulainen	[kɑukɑjnen sukulɑjnen]
parentes (m pl)	sukulaiset	[sukulɑjset]

órfão (m), órfã (f)	orpo	[orpo]
tutor (m)	holhooja	[holho:jɑ]
adotar (um filho)	adoptoida	[ɑdoptojdɑ]
adotar (uma filha)	adoptoida	[ɑdoptojdɑ]

60. Amigos. Colegas de trabalho

amigo (m)	ystävä	[ystæʋæ]
amiga (f)	ystävätär	[ystæʋætær]
amizade (f)	ystävyys	[ystæʋy:s]
ser amigos	olla ystäviä	[ollɑ ystæʋiæ]

amigo (m)	kaveri	[kɑʋeri]
amiga (f)	kaveri	[kɑʋeri]
parceiro (m)	partneri	[pɑrtneri]

| chefe (m) | esimies | [esimies] |
| superior (m) | päällikkö | [pæ:llikkø] |

proprietário (m)	omistaja	[omistaja]
subordinado (m)	alainen	[alajnen]
colega (m)	virkatoveri	[ʋirka·toʋeri]

conhecido (m)	tuttava	[tuttaʋa]
companheiro (m) de viagem	matkakumppani	[matka·kumppani]
colega (m) de classe	luokkatoveri	[luokka·toʋeri]

vizinho (m)	naapuri	[naːpuri]
vizinha (f)	naapuri	[naːpuri]
vizinhos (pl)	naapurit	[naːpurit]

CORPO HUMANO. MEDICINA

61. Cabeça

cabeça (f)	pää	[pæ:]
cara (f)	kasvot	[kasʋot]
nariz (m)	nenä	[nenæ]
boca (f)	suu	[su:]
olho (m)	silmä	[silmæ]
olhos (m pl)	silmät	[silmæt]
pupila (f)	silmäterä	[silmæ·teræ]
sobrancelha (f)	kulmakarva	[kulma·karʋa]
pestana (f)	ripsi	[ripsi]
pálpebra (f)	silmäluomi	[silmæ·luomi]
língua (f)	kieli	[kieli]
dente (m)	hammas	[hammɑs]
lábios (m pl)	huulet	[hu:let]
maçãs (f pl) do rosto	poskipäät	[poski·pæ:t]
gengiva (f)	ien	[ien]
palato (m)	kitalaki	[kitɑlɑki]
narinas (f pl)	sieraimet	[sierɑjmet]
queixo (m)	leuka	[leukɑ]
mandíbula (f)	leukaluu	[leukɑ·lu:]
bochecha (f)	poski	[poski]
testa (f)	otsa	[otsɑ]
têmpora (f)	ohimo	[oɦimo]
orelha (f)	korva	[korʋɑ]
nuca (f)	niska	[niskɑ]
pescoço (m)	kaula	[kaulɑ]
garganta (f)	kurkku	[kurkku]
cabelos (m pl)	hiukset	[hiukset]
penteado (m)	kampaus	[kampɑus]
corte (m) de cabelo	kampaus	[kampɑus]
peruca (f)	tekotukka	[teko·tukkɑ]
bigode (m)	viikset	[ʋi:kset]
barba (f)	parta	[pɑrtɑ]
usar, ter (~ barba, etc.)	pitää	[pitæ:]
trança (f)	letti	[letti]
suíças (f pl)	poskiparta	[poski·pɑrtɑ]
ruivo	punatukkainen	[puna·tukkɑjnen]
grisalho	harmaa	[harma:]
calvo	kalju	[kalju]
calva (f)	kaljuus	[kalju:s]

| rabo-de-cavalo (m) | poninhäntä | [ponin·hæntæ] |
| franja (f) | otsatukka | [otsɑ·tukkɑ] |

62. Corpo humano

| mão (f) | käsi | [kæsi] |
| braço (m) | käsivarsi | [kæsi·ʋɑrssi] |

dedo (m)	sormi	[sormi]
dedo (m) do pé	varvas	[ʋɑrʋɑs]
polegar (m)	peukalo	[peukɑlo]
dedo (m) mindinho	pikkusormi	[pikku·sormi]
unha (f)	kynsi	[kynsi]

punho (m)	nyrkki	[nyrkki]
palma (f) da mão	kämmen	[kæmmen]
pulso (m)	ranne	[rɑnne]
antebraço (m)	kyynärvarsi	[ky:nær·ʋɑrsi]
cotovelo (m)	kyynärpää	[ky:nær·pæ:]
ombro (m)	hartia	[hɑrtiɑ]

perna (f)	jalka	[jɑlkɑ]
pé (m)	jalkaterä	[jɑlkɑ·teræ]
joelho (m)	polvi	[polʋi]
barriga (f) da perna	pohje	[pohje]
anca (f)	reisi	[rejsi]
calcanhar (m)	kantapää	[kɑntɑpæ:]

corpo (m)	vartalo	[ʋɑrtɑlo]
barriga (f)	maha	[mɑhɑ]
peito (m)	rinta	[rintɑ]
seio (m)	rinnat	[rinnɑt]
lado (m)	kylki	[kylki]
costas (f pl)	selkä	[selkæ]
região (f) lombar	ristiselkä	[risti·selkæ]
cintura (f)	vyötärö	[ʋyøtærø]

umbigo (m)	napa	[nɑpɑ]
nádegas (f pl)	pakarat	[pɑkɑrɑt]
traseiro (m)	takapuoli	[tɑkɑ·puoli]

sinal (m)	luomi	[luomi]
sinal (m) de nascença	syntymämerkki	[syntymæ·merkki]
tatuagem (f)	tatuointi	[tɑtuojnti]
cicatriz (f)	arpi	[ɑrpi]

63. Doenças

doença (f)	sairaus	[sɑjrɑus]
estar doente	sairastaa	[sɑjrɑstɑ:]
saúde (f)	terveys	[terʋeys]
nariz (m) a escorrer	nuha	[nuhɑ]

amigdalite (f)	angiina	[aŋi:na]
constipação (f)	vilustuminen	[vilustuminen]
constipar-se (vr)	vilustua	[vilustua]

bronquite (f)	keuhkokatarri	[keuhko·katarri]
pneumonia (f)	keuhkotulehdus	[keuhko·tulehdus]
gripe (f)	influenssa	[influenssa]

míope	likinäköinen	[likinækøjnen]
presbita	kaukonäköinen	[kaukonækøjnen]
estrabismo (m)	kierosilmäisyys	[kiero·silmæjsy:s]
estrábico	kiero	[kiero]
catarata (f)	harmaakaihi	[harma:kajhi]
glaucoma (m)	silmänpainetauti	[silmæn·pajne·tauti]

AVC (m), apoplexia (f)	aivoinfarkti	[ajvo·infarkti]
ataque (m) cardíaco	infarkti	[infarkti]
enfarte (m) do miocárdio	sydäninfarkti	[sydæn·infarkti]
paralisia (f)	halvaus	[halvaus]
paralisar (vt)	halvauttaa	[halvautta:]

alergia (f)	allergia	[allergia]
asma (f)	astma	[astma]
diabetes (f)	diabetes	[diabetes]

dor (f) de dentes	hammassärky	[hammas·særky]
cárie (f)	hammasmätä	[hammas·mætæ]

diarreia (f)	ripuli	[ripuli]
prisão (f) de ventre	ummetus	[ummetus]
desarranjo (m) intestinal	vatsavaiva	[vatsa·vajva]
intoxicação (f) alimentar	ruokamyrkytys	[ruoka·myrkytys]
intoxicar-se	myrkyttyä	[myrkyttyæ]

artrite (f)	niveltulehdus	[nivel·tulehdus]
raquitismo (m)	riisitauti	[ri:sitati]
reumatismo (m)	reuma	[reuma]
arteriosclerose (f)	ateroskleroosi	[aterosklero:si]

gastrite (f)	mahakatarri	[maha·katarri]
apendicite (f)	umpilisäketulehdus	[umpilisæke·tulehdus]
colecistite (f)	kolekystiitti	[kolekysti:tti]
úlcera (f)	haavauma	[ha:vauma]

sarampo (m)	tuhkarokko	[tuhka·rokko]
rubéola (f)	vihurirokko	[vihuri·rokko]
iterícia (f)	keltatauti	[kelta·tauti]
hepatite (f)	hepatiitti	[hepati:tti]

esquizofrenia (f)	jakomielisyys	[jakomielisy:s]
raiva (f)	raivotauti	[rajvo·tauti]
neurose (f)	neuroosi	[neuro:si]
comoção (f) cerebral	aivotärähdys	[ajvo·tæræhdys]

cancro (m)	syöpä	[syøpæ]
esclerose (f)	skleroosi	[sklero:si]

esclerose (f) múltipla	multippeliskleroosi	[multippeli·sklero:si]
alcoolismo (m)	alkoholismi	[alkoħolismi]
alcoólico (m)	alkoholisti	[alkoħolisti]
sífilis (f)	kuppa, syfilis	[kuppa], [sifilis]
SIDA (f)	AIDS	[ajds]

tumor (m)	kasvain	[kasʋajn]
maligno	pahanlaatuinen	[paħan·la:jtunen]
benigno	hyvänlaatuinen	[hyʋænla:tunen]

febre (f)	kuume	[ku:me]
malária (f)	malaria	[malaria]
gangrena (f)	kuolio	[kuolio]
enjoo (m)	merisairaus	[meri·sajraus]
epilepsia (f)	epilepsia	[epilepsia]

epidemia (f)	epidemia	[epidemia]
tifo (m)	lavantauti	[laʋan·tauti]
tuberculose (f)	tuberkuloosi	[tuberkulo:si]
cólera (f)	kolera	[kolera]
peste (f)	rutto	[rutto]

64. Sintomas. Tratamentos. Parte 1

sintoma (m)	oire	[ojre]
temperatura (f)	kuume	[ku:me]
febre (f)	korkea kuume	[korkea ku:me]
pulso (m)	pulssi, syke	[pulssi], [syke]

vertigem (f)	huimaus	[hujmaus]
quente (testa, etc.)	kuuma	[ku:ma]
calafrio (m)	vilunväristys	[ʋilun·væristys]
pálido	kalpea	[kalpea]

tosse (f)	yskä	[yskæ]
tossir (vi)	yskiä	[yskiæ]
espirrar (vi)	aivastella	[ajʋastella]
desmaio (m)	pyörtyminen	[pyørtyminen]
desmaiar (vi)	pyörtyä	[pyørtyæ]

nódoa (f) negra	mustelma	[mustelma]
galo (m)	kuhmu	[kuhmu]
magoar-se (vr)	loukkaantua	[loukka:ntua]
pisadura (f)	ruhje	[ruhje]
aleijar-se (vr)	loukkaantua	[loukka:ntua]

coxear (vi)	ontua	[ontua]
deslocação (f)	sijoiltaanmeno	[sijoilta:nmeno]
deslocar (vt)	siirtää sijoiltaan	[si:rtæ: sijoilta:n]
fratura (f)	murtuma	[murtuma]
fraturar (vt)	saada murtuma	[sa:da murtuma]

corte (m)	leikkaushaava	[lejkkaus·ha:ʋa]
cortar-se (vr)	leikata	[lejkata]

hemorragia (f)	verenvuoto	[ʋeren·ʋuoto]
queimadura (f)	palohaava	[palo·hɑ:ʋɑ]
queimar-se (vr)	polttaa itse	[poltta: itse]

picar (vt)	pistää	[pistæ:]
picar-se (vr)	pistää itseä	[pistæ: itseæ]
lesionar (vt)	vahingoittaa	[ʋɑhiŋojtta:]
lesão (m)	vamma, vaurio	[ʋɑmmɑ], [ʋɑurio]
ferida (f), ferimento (m)	haava	[hɑ:ʋɑ]
trauma (m)	trauma, vamma	[trɑumɑ], [ʋɑmmɑ]

delirar (vi)	hourailla	[hourɑjllɑ]
gaguejar (vi)	änkyttää	[æŋkyttæ:]
insolação (f)	auringonpistos	[auriŋon·pistos]

65. Sintomas. Tratamentos. Parte 2

| dor (f) | kipu | [kipu] |
| farpa (no dedo) | tikku | [tikku] |

suor (m)	hiki	[hiki]
suar (vi)	hikoilla	[hikojllɑ]
vómito (m)	oksennus	[oksennus]
convulsões (f pl)	kouristukset	[kouristukset]

grávida	raskaana oleva	[rɑskɑ:nɑ oleʋɑ]
nascer (vi)	syntyä	[syntyæ]
parto (m)	synnytys	[synnytys]
dar à luz	synnyttää	[synnyttæ:]
aborto (m)	raskaudenkeskeytys	[rɑskɑuden·keskeytys]

respiração (f)	hengitys	[heŋitys]
inspiração (f)	sisäänhengitys	[sisæ:n·heŋitys]
expiração (f)	uloshengitys	[ulos·heŋitys]
expirar (vi)	hengittää ulos	[heŋittæ: ulos]
inspirar (vi)	hengittää sisään	[hengittæ: sisæ:n]

inválido (m)	invalidi	[inʋɑlidi]
aleijado (m)	rampa	[rɑmpɑ]
toxicodependente (m)	narkomaani	[nɑrkomɑ:ni]

surdo	kuuro	[ku:ro]
mudo	mykkä	[mykkæ]
surdo-mudo	kuuromykkä	[ku:ro·mykkæ]

louco (adj.)	mielenvikainen	[mielen·ʋikɑjnen]
louco (m)	hullu	[hullu]
louca (f)	hullu	[hullu]
ficar louco	tulla hulluksi	[tulla hulluksi]

gene (m)	geeni	[ge:ni]
imunidade (f)	immuniteetti	[immunite:tti]
hereditário	perintö-	[perintø]
congénito	synnynnäinen	[synnynnæjnen]

vírus (m)	**virus**	[uirus]
micróbio (m)	**mikrobi**	[mikrobi]
bactéria (f)	**bakteeri**	[bakte:ri]
infeção (f)	**infektio, tartunta**	[infektio], [tartunta]

66. Sintomas. Tratamentos. Parte 3

hospital (m)	**sairaala**	[sajra:la]
paciente (m)	**potilas**	[potilas]
diagnóstico (m)	**diagnoosi**	[diagno:si]
cura (f)	**lääkintä**	[læ:kintæ]
tratamento (m) médico	**hoito**	[hojto]
curar-se (vr)	**saada hoitoa**	[sa:da hojtoa]
tratar (vt)	**hoitaa**	[hojta:]
cuidar (pessoa)	**hoitaa**	[hojta:]
cuidados (m pl)	**hoito**	[hojto]
operação (f)	**leikkaus**	[lejkkaus]
enfaixar (vt)	**sitoa**	[sitoa]
enfaixamento (m)	**sidonta**	[sidonta]
vacinação (f)	**rokotus**	[rokotus]
vacinar (vt)	**rokottaa**	[rokotta:]
injeção (f)	**injektio**	[injektio]
dar uma injeção	**tehdä pisto**	[tehdæ pisto]
ataque (~ de asma, etc.)	**kohtaus**	[kohtaus]
amputação (f)	**amputaatio**	[amputa:tio]
amputar (vt)	**amputoida**	[amputojda]
coma (f)	**kooma**	[ko:ma]
estar em coma	**olla koomassa**	[olla ko:massa]
reanimação (f)	**teho-osasto**	[teho·osasto]
recuperar-se (vr)	**parantua**	[parantua]
estado (~ de saúde)	**terveydentila**	[terueyden·tila]
consciência (f)	**tajunta**	[tajunta]
memória (f)	**muisti**	[mujsti]
tirar (vt)	**poistaa**	[pojsta:]
chumbo (m), obturação (f)	**paikka**	[pajkka]
chumbar, obturar (vt)	**paikata**	[pajkata]
hipnose (f)	**hypnoosi**	[hypno:si]
hipnotizar (vt)	**hypnotisoida**	[hypnotisojda]

67. Medicina. Drogas. Acessórios

medicamento (m)	**lääke**	[læ:ke]
remédio (m)	**lääke**	[læ:ke]
receitar (vt)	**määrätä**	[mæ:rætæ]
receita (f)	**resepti**	[resepti]

comprimido (m)	**tabletti**	[tɑbletti]
pomada (f)	**voide**	[ʋojde]
ampola (f)	**ampulli**	[ɑmpulli]
preparado (m)	**liuos**	[liuos]
xarope (m)	**siirappi**	[si:rɑppi]
cápsula (f)	**pilleri**	[pilleri]
remédio (m) em pó	**jauhe**	[jɑuɦe]
ligadura (f)	**side**	[side]
algodão (m)	**vanu**	[ʋɑnu]
iodo (m)	**jodi**	[jodi]
penso (m) rápido	**laastari**	[lɑ:stɑri]
conta-gotas (m)	**pipetti**	[pipetti]
termómetro (m)	**kuumemittari**	[ku:me·mittɑri]
seringa (f)	**ruisku**	[rujsku]
cadeira (f) de rodas	**pyörätuoli**	[pyøræ·tuoli]
muletas (f pl)	**kainalosauvat**	[kɑjnɑlo·sɑuʋɑt]
analgésico (m)	**puudutusaine**	[pu:dutus·ɑjne]
laxante (m)	**ulostuslääke**	[ulostus·læ:ke]
álcool (m) etílico	**sprii**	[spri:]
ervas (f pl) medicinais	**lääkeyrtti**	[læ:ke·yrtti]
de ervas (chá ~)	**yrtti-**	[yrtti]

APARTAMENTO

68. Apartamento

apartamento (m)	asunto	[asunto]
quarto (m)	huone	[huone]
quarto (m) de dormir	makuuhuone	[maku:huone]
sala (f) de jantar	ruokailuhuone	[ruokajlu·huone]
sala (f) de estar	vierashuone	[vieras·huone]
escritório (m)	työhuone	[tyø·huone]
antessala (f)	eteinen	[etejnen]
quarto (m) de banho	kylpyhuone	[kylpy·huone]
toilette (lavabo)	vessa	[vessa]
teto (m)	sisäkatto	[sisæ·katto]
chão, soalho (m)	lattia	[lattia]
canto (m)	nurkka	[nurkka]

69. Mobiliário. Interior

mobiliário (m)	huonekalut	[huone·kalut]
mesa (f)	pöytä	[pøytæ]
cadeira (f)	tuoli	[tuoli]
cama (f)	sänky	[sæŋky]
divã (m)	sohva	[sohva]
cadeirão (m)	nojatuoli	[noja·tuoli]
estante (f)	kaappi	[ka:ppi]
prateleira (f)	hylly	[hylly]
guarda-vestidos (m)	vaatekaappi	[va:te·ka:ppi]
cabide (m) de parede	ripustin	[ripustin]
cabide (m) de pé	naulakko	[naulakko]
cómoda (f)	lipasto	[lipasto]
mesinha (f) de centro	sohvapöytä	[sohva·pøjtæ]
espelho (m)	peili	[pejli]
tapete (m)	matto	[matto]
tapete (m) pequeno	pieni matto	[pjeni matto]
lareira (f)	takka	[takka]
vela (f)	kynttilä	[kynttilæ]
castiçal (m)	kynttilänjalka	[kynttilæn·jalka]
cortinas (f pl)	kaihtimet	[kajhtimet]
papel (m) de parede	tapetit	[tapetit]

estores (f pl)	rullaverhot	[rulle·ʋerhot]
candeeiro (m) de mesa	pöytälamppu	[pøytæ·lamppu]
candeeiro (m) de parede	seinävalaisin	[sejna·ʋalajsin]
candeeiro (m) de pé	lattialamppu	[lattia·lamppu]
lustre (m)	kattokruunu	[katto·kru:nu]

pé (de mesa, etc.)	jalka	[jalka]
braço (m)	käsinoja	[kæsi·noja]
costas (f pl)	selkänoja	[selkænoja]
gaveta (f)	vetolaatikko	[ʋeto·la:tikko]

70. Quarto de dormir

roupa (f) de cama	vuodevaatteet	[ʋuode·ʋa:tte:t]
almofada (f)	tyyny	[ty:ny]
fronha (f)	tyynyliina	[ty:ny·li:na]
cobertor (m)	peitto, täkki	[pejte], [tækki]
lençol (m)	lakana	[lakana]
colcha (f)	peite	[pejte]

71. Cozinha

cozinha (f)	keittiö	[kejttiø]
gás (m)	kaasu	[ka:su]
fogão (m) a gás	kaasuliesi	[ka:su·liesi]
fogão (m) elétrico	sähköhella	[sæhkø·hella]
forno (m)	paistinuuni	[pajstin·u:ni]
forno (m) de micro-ondas	mikroaaltouuni	[mikro·a:ltou·u:ni]

frigorífico (m)	jääkaappi	[jæ:ka:ppi]
congelador (m)	pakastin	[pakastin]
máquina (f) de lavar louça	astianpesukone	[astian·pesu·kone]

moedor (m) de carne	lihamylly	[liɦa·mylly]
espremedor (m)	mehunpuristin	[meɦun·puristin]
torradeira (f)	leivänpaahdin	[lejʋæn·pa:hdin]
batedeira (f)	sekoitin	[sekojtin]

máquina (f) de café	kahvinkeitin	[kahʋiŋ·kejtin]
cafeteira (f)	kahvipannu	[kahʋi·pannu]
moinho (m) de café	kahvimylly	[kahʋi·mylly]

chaleira (f)	teepannu	[te:pannu]
bule (m)	teekannu	[te:kannu]
tampa (f)	kansi	[kansi]
coador (m) de chá	teesiivilä	[te:si:ʋilæ]

colher (f)	lusikka	[lusikka]
colher (f) de chá	teelusikka	[te:lusikka]
colher (f) de sopa	ruokalusikka	[ruoka·lusikka]
garfo (m)	haarukka	[ha:rukka]
faca (f)	veitsi	[ʋejtsi]

louça (f)	astiat	[astiat]
prato (m)	lautanen	[lautanen]
pires (m)	teevati	[te:ʋati]

cálice (m)	shotti, snapsilasi	[shotti], [snapsi·lasi]
copo (m)	juomalasi	[juoma·lasi]
chávena (f)	kuppi	[kuppi]

açucareiro (m)	sokeriastia	[sokeri·astia]
saleiro (m)	suola-astia	[suola·astia]
pimenteiro (m)	pippuriastia	[pippuri·astia]
manteigueira (f)	voi astia	[ʋoj astia]

panela, caçarola (f)	kasari, kattila	[kasari], [kattila]
frigideira (f)	pannu	[pannu]
concha (f)	kauha	[kauħa]
passador (m)	lävikkö	[læʋikkø]
bandeja (f)	tarjotin	[tarjotin]

garrafa (f)	pullo	[pullo]
boião (m) de vidro	lasitölkki	[lasi·tølkki]
lata (f)	purkki	[purkki]

abre-garrafas (m)	pullonavaaja	[pullon·aʋa:ja]
abre-latas (m)	purkinavaaja	[purkin·aʋa:ja]
saca-rolhas (m)	korkkiruuvi	[korkki·ru:ʋi]
filtro (m)	suodatin	[suodatin]
filtrar (vt)	suodattaa	[suodatta:]

| lixo (m) | roska, jäte | [roska], [jæte] |
| balde (m) do lixo | roskasanko | [roska·saŋko] |

72. Casa de banho

quarto (m) de banho	kylpyhuone	[kylpy·ħuone]
água (f)	vesi	[ʋesi]
torneira (f)	hana	[hana]
água (f) quente	kuuma vesi	[ku:ma ʋesi]
água (f) fria	kylmä vesi	[kylmæ ʋesi]

pasta (f) de dentes	hammastahna	[hammas·tahna]
escovar os dentes	harjata hampaita	[harjata hampajta]
escova (f) de dentes	hammasharja	[hammas·harja]

barbear-se (vr)	ajaa parta	[aja: parta]
espuma (f) de barbear	partavaahto	[parta·ʋa:hto]
máquina (f) de barbear	partahöylä	[parta·ħøylæ]

lavar (vt)	pestä	[pestæ]
lavar-se (vr)	peseytyä	[peseytyæ]
duche (m)	suihku	[sujhku]
tomar um duche	käydä suihkussa	[kæydæ suihkussa]
banheira (f)	amme, kylpyamme	[amme], [kylpyamme]
sanita (f)	vessanpönttö	[ʋessan·pønttø]

lavatório (m)	pesuallas	[pesu·allɑs]
sabonete (m)	saippua	[sɑjppuɑ]
saboneteira (f)	saippuakotelo	[sɑjppuɑ·kotelo]

esponja (f)	pesusieni	[pesu·sieni]
champô (m)	sampoo	[sɑmpo:]
toalha (f)	pyyhe	[py:he]
roupão (m) de banho	kylpytakki	[kylpy·tɑkki]

lavagem (f)	pyykkäys	[py:kkæys]
máquina (f) de lavar	pesukone	[pesu·kone]
lavar a roupa	pestä pyykkiä	[pestæ py:kkiæ]
detergente (m)	pesujauhe	[pesu·jauɦe]

73. Eletrodomésticos

televisor (m)	televisio	[televisio]
gravador (m)	nauhuri	[nɑuɦuri]
videogravador (m)	videonauhuri	[video·nɑuɦuri]
rádio (m)	vastaanotin	[vɑstɑ:notin]
leitor (m)	soitin	[sojtin]

projetor (m)	projektori	[projektori]
cinema (m) em casa	kotiteatteri	[koti·teɑtteri]
leitor (m) de DVD	DVD-soitin	[devede·sojtin]
amplificador (m)	vahvistin	[vɑɦvistin]
console (f) de jogos	pelikonsoli	[peli·konsoli]

câmara (f) de vídeo	videokamera	[video·kɑmerɑ]
máquina (f) fotográfica	kamera	[kɑmerɑ]
câmara (f) digital	digitaalikamera	[digitɑ:li·kɑmerɑ]

aspirador (m)	pölynimuri	[pølyn·imuri]
ferro (m) de engomar	silitysrauta	[silitys·rɑutɑ]
tábua (f) de engomar	silityslauta	[silitys·lɑutɑ]

telefone (m)	puhelin	[puɦelin]
telemóvel (m)	matkapuhelin	[mɑtkɑ·puɦelin]
máquina (f) de escrever	kirjoituskone	[kirjoitus·kone]
máquina (f) de costura	ompelukone	[ompelu·kone]

microfone (m)	mikrofoni	[mikrofoni]
auscultadores (m pl)	kuulokkeet	[ku:lokke:t]
controlo remoto (m)	kaukosäädin	[kɑuko·sæ:din]

CD (m)	CD-levy	[sede·levy]
cassete (f)	kasetti	[kɑsetti]
disco (m) de vinil	levy, vinyylilevy	[levy], [viny:li·levy]

A TERRA. TEMPO

74. Espaço sideral

cosmos (m)	avaruus	[ɑʋɑruːs]
cósmico	avaruus-	[ɑʋɑruːs]
espaço (m) cósmico	avaruus	[ɑʋɑruːs]
mundo (m)	maailma	[mɑːjlmɑ]
universo (m)	maailmankaikkeus	[mɑːilmɑn·kɑjkkeus]
galáxia (f)	galaksi	[gɑlɑksi]
estrela (f)	tähti	[tæhti]
constelação (f)	tähtikuvio	[tæhti·kuʋio]
planeta (m)	planeetta	[plɑneːttɑ]
satélite (m)	satelliitti	[sɑtelliːtti]
meteorito (m)	meteoriitti	[meteoriːtti]
cometa (m)	pyrstötähti	[pyrstø·tæhti]
asteroide (m)	asteroidi	[ɑsterojdi]
órbita (f)	kiertorata	[kierto·rɑtɑ]
girar (vi)	kiertää	[kærtæː]
atmosfera (f)	ilmakehä	[ilmɑkeɦæ]
Sol (m)	Aurinko	[ɑuriŋko]
Sistema (m) Solar	Aurinkokunta	[ɑuriŋko·kuntɑ]
eclipse (m) solar	auringonpimennys	[ɑuriŋon·pimeŋys]
Terra (f)	Maa	[mɑː]
Lua (f)	Kuu	[kuː]
Marte (m)	Mars	[mɑrs]
Vénus (f)	Venus	[ʋenus]
Júpiter (m)	Jupiter	[jupiter]
Saturno (m)	Saturnus	[sɑturnus]
Mercúrio (m)	Merkurius	[merkurius]
Urano (m)	Uranus	[urɑnus]
Neptuno (m)	Neptunus	[neptunus]
Plutão (m)	Pluto	[pluto]
Via Láctea (f)	Linnunrata	[linnun·rɑtɑ]
Ursa Maior (f)	Otava	[otɑʋɑ]
Estrela Polar (f)	Pohjantähti	[pohjɑn·tæhti]
marciano (m)	marsilainen	[mɑrsilɑjnen]
extraterrestre (m)	avaruusolio	[ɑʋɑruːsoljo]
alienígena (m)	avaruusolento	[ɑʋɑruːs·olento]

disco (m) voador	lentävä lautanen	[lentæuæ lautanen]
nave (f) espacial	avaruusalus	[auaru:s·alus]
estação (f) orbital	avaruusasema	[auaru:s·asema]
lançamento (m)	startti	[startti]
motor (m)	moottori	[mo:ttori]
bocal (m)	suutin	[su:tin]
combustível (m)	polttoaine	[poltto·ajne]
cabine (f)	ohjaamo	[ohja:mo]
antena (f)	antenni	[antenni]
vigia (f)	valoventtiili	[ualouentti:li]
bateria (f) solar	aurinkokennosto	[auriŋko·keŋosto]
traje (m) espacial	avaruuspuku	[auaru:s·puku]
imponderabilidade (f)	painottomuus	[pajnottomu:s]
oxigénio (m)	happi	[happi]
acoplagem (f)	telakointi	[telakojnti]
fazer uma acoplagem	tehdä telakointi	[tehdæ telakojnti]
observatório (m)	observatorio	[obseruatorio]
telescópio (m)	teleskooppi	[telesko:ppi]
observar (vt)	tarkkailla	[tarkkajlla]
explorar (vt)	tutkia	[tutkia]

75. A Terra

Terra (f)	Maa	[ma:]
globo terrestre (Terra)	maapallo	[ma:pallo]
planeta (m)	planeetta	[plane:tta]
atmosfera (f)	ilmakehä	[ilmakehæ]
geografia (f)	maantiede	[ma:n·tiede]
natureza (f)	luonto	[luonto]
globo (mapa esférico)	karttapallo	[kartta·pallo]
mapa (m)	kartta	[kartta]
atlas (m)	atlas	[atlas]
Europa (f)	Eurooppa	[euro:ppa]
Ásia (f)	Aasia	[a:sia]
África (f)	Afrikka	[afrikka]
Austrália (f)	Australia	[australia]
América (f)	Amerikka	[amerikka]
América (f) do Norte	Pohjois-Amerikka	[pohjois·amerikka]
América (f) do Sul	Etelä-Amerikka	[etelæ·amerikka]
Antártida (f)	Etelämanner	[etelæmanner]
Ártico (m)	Arktis	[arktis]

76. Pontos cardeais

norte (m)	pohjola	[pohjola]
para norte	pohjoiseen	[pohjoise:n]
no norte	pohjoisessa	[pohjoisessa]
do norte	pohjois-, pohjoinen	[pohjois], [pohjoinen]

sul (m)	etelä	[etelæ]
para sul	etelään	[etelæ:n]
no sul	etelässä	[etelæssæ]
do sul	etelä-, eteläinen	[etelæ], [etelæjnen]

oeste, ocidente (m)	länsi	[længi]
para oeste	länteen	[lænte:n]
no oeste	lännessä	[lænnessæ]
ocidental	länsi-, läntinen	[længi], [læntinen]

leste, oriente (m)	itä	[itæ]
para leste	itään	[itæ:n]
no leste	idässä	[idæssæ]
oriental	itä-, itäinen	[itæ], [itæjnen]

77. Mar. Oceano

mar (m)	meri	[meri]
oceano (m)	valtameri	[ʋalta·meri]
golfo (m)	lahti	[lahti]
estreito (m)	salmi	[salmi]

terra (f) firme	maa	[ma:]
continente (m)	manner	[manner]
ilha (f)	saari	[sa:ri]
península (f)	niemimaa	[niemi·ma:]
arquipélago (m)	saaristo	[sa:risto]

baía (f)	lahti, poukama	[lahti], [poukama]
porto (m)	satama	[satama]
lagoa (f)	laguuni	[lagu:ni]
cabo (m)	niemi	[niemi]

atol (m)	atolli	[atolli]
recife (m)	riutta	[riutta]
coral (m)	koralli	[koralli]
recife (m) de coral	koralliriutta	[koralli·riutta]

profundo	syvä	[syʋæ]
profundidade (f)	syvyys	[syʋy:s]
abismo (m)	syvänne	[syʋænne]
fossa (f) oceânica	hauta	[hauta]

corrente (f)	virta	[ʋirta]
banhar (vt)	huuhdella	[hu:hdella]
litoral (m)	merenranta	[meren·ranta]

costa (f)	rannikko	[rannikko]
maré (f) alta	vuoksi	[vuoksi]
refluxo (m), maré (f) baixa	laskuvesi	[lasku·vesi]
restinga (f)	matalikko	[matalikko]
fundo (m)	pohja	[pohja]

onda (f)	aalto	[a:lto]
crista (f) da onda	aallonharja	[a:llon·harja]
espuma (f)	vaahto	[va:hto]

tempestade (f)	myrsky	[myrsky]
furacão (m)	hirmumyrsky	[hirmu·myrsky]
tsunami (m)	tsunami	[tsunami]
calmaria (f)	tyyni	[ty:yni]
calmo	rauhallinen	[rauhallinen]

| polo (m) | napa | [napa] |
| polar | napa-, polaarinen | [napa], [pola:rinen] |

latitude (f)	leveyspiiri	[leveys·pi:ri]
longitude (f)	pituus	[pitu:s]
paralela (f)	leveyspiiri	[leveys·pi:ri]
equador (m)	päiväntasaaja	[pæjuæn·tasa:ja]

céu (m)	taivas	[tajvas]
horizonte (m)	horisontti	[horisontti]
ar (m)	ilma	[ilma]

farol (m)	majakka	[majakka]
mergulhar (vi)	sukeltaa	[sukelta:]
afundar-se (vr)	upota	[upota]
tesouros (m pl)	aarteet	[a:rte:t]

78. Nomes de Mares e Oceanos

Oceano (m) Atlântico	Atlantin valtameri	[atlantin valta meri]
Oceano (m) Índico	Intian valtameri	[intian valta·meri]
Oceano (m) Pacífico	Tyynimeri	[ty:ni·meri]
Oceano (m) Ártico	Pohjoinen jäämeri	[pohjoinen jæ:meri]

Mar (m) Negro	Mustameri	[musta·meri]
Mar (m) Vermelho	Punainenmeri	[punajnen·meri]
Mar (m) Amarelo	Keltainenmeri	[keltajnen·meri]
Mar (m) Branco	Vienanmeri	[vjenan·meri]

Mar (m) Cáspio	Kaspianmeri	[kaspian·meri]
Mar (m) Morto	Kuollutmeri	[kuollut·meri]
Mar (m) Mediterrâneo	Välimeri	[væli·meri]

| Mar (m) Egeu | Egeanmeri | [egean·meri] |
| Mar (m) Adriático | Adrianmeri | [adrian·meri] |

| Mar (m) Arábico | Arabianmeri | [arabian·meri] |
| Mar (m) do Japão | Japaninmeri | [japanin·meri] |

Mar (m) de Bering	Beringinmeri	[beriŋin·meri]
Mar (m) da China Meridional	Etelä-Kiinan meri	[etelæ·ki:nan meri]
Mar (m) de Coral	Korallimeri	[koralli·meri]
Mar (m) de Tasman	Tasmaninmeri	[tasmanin·meri]
Mar (m) do Caribe	Karibianmeri	[karibian·meri]
Mar (m) de Barents	Barentsinmeri	[barentsin·meri]
Mar (m) de Kara	Karanmeri	[karan·meri]
Mar (m) do Norte	Pohjanmeri	[pohjan·meri]
Mar (m) Báltico	Itämeri	[itæ·meri]
Mar (m) da Noruega	Norjanmeri	[norjan·meri]

79. Montanhas

montanha (f)	vuori	[ʊuori]
cordilheira (f)	vuorijono	[ʊuori·jono]
serra (f)	vuorenharjanne	[ʊuoren·harjanne]
cume (m)	huippu	[hujppu]
pico (m)	vuorenhuippu	[ʊuoren·hujppu]
sopé (m)	juuri	[ju:ri]
declive (m)	rinne	[rinne]
vulcão (m)	tulivuori	[tuli·ʊuori]
vulcão (m) ativo	toimiva tulivuori	[tojmiʊa tuli·ʊuori]
vulcão (m) extinto	sammunut tulivuori	[sammunut tuli·ʊuori]
erupção (f)	purkaus	[purkaus]
cratera (f)	kraatteri	[kra:teri]
magma (m)	magma	[magma]
lava (f)	laava	[la:ʊa]
fundido (lava ~a)	sulaa, hehkuva	[sula:], [hehkuʊa]
desfiladeiro (m)	kanjoni	[kanjoni]
garganta (f)	rotko	[rotko]
fenda (f)	halkeama	[halkeama]
precipício (m)	kuilu	[kujlu]
passo, colo (m)	sola	[sola]
planalto (m)	ylätasanko	[ylæ·tasaŋko]
falésia (f)	kalju	[kalju]
colina (f)	mäki	[mæki]
glaciar (m)	jäätikkö	[jæ:tikkø]
queda (f) d'água	vesiputous	[ʊesi·putous]
géiser (m)	geisir	[gejsir]
lago (m)	järvi	[jærʊi]
planície (f)	tasanko	[tasaŋko]
paisagem (f)	maisema	[majsema]
eco (m)	kaiku	[kajku]
alpinista (m)	vuorikiipeilijä	[ʊuori·ki:pejlijæ]

escalador (m)	vuorikiipeilijä	[ʋuori·ki:pejlijæ]
conquistar (vt)	valloittaa	[ʋallojtta:]
subida, escalada (f)	nousu	[nousu]

80. Nomes de montanhas

Alpes (m pl)	Alpit	[alpit]
monte Branco (m)	Mont Blanc	[monblaŋ]
Pirineus (m pl)	Pyreneet	[pyrine:t]

Cárpatos (m pl)	Karpaatit	[karpa:tit]
montes (m pl) Urais	Ural	[ural]
Cáucaso (m)	Kaukasus	[kaukasus]
Elbrus (m)	Elbrus	[elbrus]

Altai (m)	Altai	[altaj]
Tian Shan (m)	Tienšan	[tien·ʃan]
Pamir (m)	Pamir	[pamir]
Himalaias (m pl)	Himalaja	[himalaja]
monte (m) Everest	Mount Everest	[maunt eʋerest]

| Cordilheira (f) dos Andes | Andit | [andit] |
| Kilimanjaro (m) | Kilimanjaro | [kilimanjaro] |

81. Rios

rio (m)	joki	[joki]
fonte, nascente (f)	lähde	[læhde]
leito (m) do rio	uoma	[uoma]
bacia (f)	joen vesistö	[joen ʋesistø]
desaguar no ...	laskea	[laskea]

| afluente (m) | sivujoki | [siʋu·joki] |
| margem (do rio) | ranta | [ranta] |

corrente (f)	virta	[ʋirta]
rio abaixo	myötävirtaan	[myøtæʋirta:n]
rio acima	ylävirtaan	[ylæ·ʋirta:n]

inundação (f)	tulva	[tulʋa]
cheia (f)	kevättulva	[keʋæt·tulʋa]
transbordar (vi)	tulvia	[tulʋia]
inundar (vt)	upottaa	[upotta:]

| banco (m) de areia | matalikko | [matalikko] |
| rápidos (m pl) | koski | [koski] |

barragem (f)	pato	[pato]
canal (m)	kanava	[kanaʋa]
reservatório (m) de água	vedensäiliö	[ʋeden·sæjliø]
eclusa (f)	sulku	[sulku]
corpo (m) de água	vesistö	[ʋesistø]

pântano (m)	suo	[suo]
tremedal (m)	hete	[hete]
remoinho (m)	vesipyörre	[ʋesi·pyørre]

arroio, regato (m)	puro	[puro]
potável	juoma-	[yoma]
doce (água)	makea	[makea]

gelo (m)	jää	[jæ:]
congelar-se (vr)	jäätyä	[jæ:tyæ]

82. Nomes de rios

rio Sena (m)	Seine	[sen]
rio Loire (m)	Loire	[luɑ:r]

rio Tamisa (m)	Thames	[tæms]
rio Reno (m)	Rein	[rejn]
rio Danúbio (m)	Tonava	[tonaʋa]

rio Volga (m)	Volga	[ʋolga]
rio Don (m)	Don	[don]
rio Lena (m)	Lena	[lena]

rio Amarelo (m)	Keltainenjoki	[keltajnen·joki]
rio Yangtzé (m)	Jangtse	[jaŋtse]
rio Mekong (m)	Mekong	[mekoŋ]
rio Ganges (m)	Ganges	[gaŋes]

rio Nilo (m)	Niili	[ni:li]
rio Congo (m)	Kongo	[koŋo]
rio Cubango (m)	Okavango	[okaʋaŋo]
rio Zambeze (m)	Sambesi	[sambesi]
rio Limpopo (m)	Limpopo	[limpopo]
rio Mississípi (m)	Mississippi	[mississippi]

83. Floresta

floresta (f), bosque (m)	metsä	[metsæ]
florestal	metsä-	[metsæ]

mata (f) cerrada	tiheikkö	[tiɦejkkø]
arvoredo (m)	lehto	[lehto]
clareira (f)	aho	[aɦo]

matagal (m)	tiheikkö	[tiɦejkkø]
mato (m)	pensasaro	[pensas·aro]

vereda (f)	polku	[polku]
ravina (f)	rotko	[rotko]
árvore (f)	puu	[pu:]
folha (f)	lehti	[lehti]

folhagem (f)	lehvistö	[lehʋistø]
queda (f) das folhas	lehdenlähtö	[lehden·læhtø]
cair (vi)	karista	[karista]
topo (m)	latva	[latʋa]

ramo (m)	oksa	[oksa]
galho (m)	oksa	[oksa]
botão, rebento (m)	silmu	[silmu]
agulha (f)	neulanen	[neulanen]
pinha (f)	käpy	[kæpy]

buraco (m) de árvore	pesäkolo	[pesæ·kolo]
ninho (m)	pesä	[pesæ]
toca (f)	kolo	[kolo]

tronco (m)	runko	[ruŋko]
raiz (f)	juuri	[ju:ri]
casca (f) de árvore	kuori	[kuori]
musgo (m)	sammal	[sammal]

arrancar pela raiz	juuria	[ju:ria]
cortar (vt)	hakata	[hakata]
desflorestar (vt)	kaataa puita	[ka:ta: pujta]
toco, cepo (m)	kanto	[kanto]

fogueira (f)	nuotio	[nuotio]
incêndio (m) florestal	metsäpalo	[metsæ·palo]
apagar (vt)	sammuttaa	[sammutta:]

guarda-florestal (m)	metsänvartija	[metsæn·ʋartija]
proteção (f)	suojelu	[suojelu]
proteger (a natureza)	suojella	[suojella]
caçador (m) furtivo	salametsästäjä	[sala·metsæstæjæ]
armadilha (f)	raudat	[raudat]

colher (cogumelos)	sienestää	[sienestæ:]
colher (bagas)	marjastaa	[marjasta:]
perder-se (vr)	eksyä	[eksyæ]

84. Recursos naturais

recursos (m pl) naturais	luonnonvarat	[luonnon·ʋarat]
minerais (m pl)	fossiiliset resurssit	[fossi:liset resurssit]
depósitos (m pl)	esiintymä	[esi:ntymæ]
jazida (f)	kenttä	[kenttæ]

extrair (vt)	louhia	[louhia]
extração (f)	kaivostoiminta	[kajʋos·tojminta]
minério (m)	malmi	[malmi]
mina (f)	kaivos	[kajʋos]
poço (m) de mina	kaivos	[kajʋos]
mineiro (m)	kaivosmies	[kajʋosmies]
gás (m)	kaasu	[ka:su]
gasoduto (m)	maakaasuputki	[ma:ka:su·putki]

petróleo (m)	öljy	[øljy]
oleoduto (m)	öljyjohto	[øljy·johto]
poço (m) de petróleo	öljynporausreikä	[øljyn·poraus·rejkæ]
torre (f) petrolífera	öljynporaustorni	[øljyn·poraus·torni]
petroleiro (m)	tankkilaiva	[taŋkki·lajua]

areia (f)	hiekka	[hiekka]
calcário (m)	kalkkikivi	[kalkki·kiui]
cascalho (m)	sora	[sora]
turfa (f)	turve	[turue]
argila (f)	savi	[saui]
carvão (m)	hiili	[hi:li]

ferro (m)	rauta	[rauta]
ouro (m)	kulta	[kulta]
prata (f)	hopea	[hopea]
níquel (m)	nikkeli	[nikkeli]
cobre (m)	kupari	[kupari]

zinco (m)	sinkki	[siŋkki]
manganês (m)	mangaani	[maŋa:ni]
mercúrio (m)	elohopea	[elo·hopea]
chumbo (m)	lyijy	[lyjy]

mineral (m)	mineraali	[minera:li]
cristal (m)	kristalli	[kristalli]
mármore (m)	marmori	[marmori]
urânio (m)	uraani	[ura:ni]

85. Tempo

tempo (m)	sää	[sæ:]
previsão (f) do tempo	sääennuste	[sæ:ennuste]
temperatura (f)	lämpötila	[læmpøtila]
termómetro (m)	lämpömittari	[læmpø·mittari]
barómetro (m)	ilmapuntari	[ilma·puntari]

húmido	kostea	[kostea]
humidade (f)	kosteus	[kosteus]
calor (m)	helle	[helle]
cálido	kuuma	[ku:ma]
está muito calor	on kuumaa	[on ku:ma:]

| está calor | on lämmintä | [on læmmintæ] |
| quente | lämmin | [læmmin] |

| está frio | on kylmää | [on kylmæ:] |
| frio | kylmä | [kylmæ] |

sol (m)	aurinko	[auriŋko]
brilhar (vi)	paistaa	[pajsta:]
de sol, ensolarado	aurinkoinen	[auriŋkojnen]
nascer (vi)	nousta	[nousta]
pôr-se (vr)	istuutua	[istu:tua]

nuvem (f)	pilvi	[pilʋi]
nublado	pilvinen	[pilʋinen]
nuvem (f) preta	sadepilvi	[sɑde·pilʋi]
escuro, cinzento	hämärä	[hæmæræ]

chuva (f)	sade	[sɑde]
está a chover	sataa vettä	[sɑtɑ: ʋettæ]
chuvoso	sateinen	[sɑtejnen]
chuviscar (vi)	vihmoa	[ʋihmoɑ]

chuva (f) torrencial	kaatosade	[kɑ:to·sɑde]
chuvada (f)	rankkasade	[rɑŋkkɑ·sɑde]
forte (chuva)	rankka	[rɑŋkkɑ]
poça (f)	lätäkkö	[lætækkø]
molhar-se (vr)	tulla märäksi	[tulla mæræksi]

nevoeiro (m)	sumu	[sumu]
de nevoeiro	sumuinen	[sumujnen]
neve (f)	lumi	[lumi]
está a nevar	sataa lunta	[sɑtɑ: luntɑ]

86. Tempo extremo. Catástrofes naturais

trovoada (f)	ukkonen	[ukkonen]
relâmpago (m)	salama	[sɑlɑmɑ]
relampejar (vi)	välkkyä	[ʋælkkyæ]

trovão (m)	ukkonen	[ukkonen]
trovejar (vi)	jyristä	[yristæ]
está a trovejar	ukkonen jyrisee	[ukkonen yrise:]

granizo (m)	raesade	[raesade]
está a cair granizo	sataa rakeita	[sɑtɑ: rakejtɑ]

inundar (vt)	upottaa	[upottɑ:]
inundação (f)	tulva	[tulʋɑ]

terremoto (m)	maanjäristys	[mɑ:n·jaristys]
abalo, tremor (m)	maantärähdys	[mɑ:n·tæræhdys]
epicentro (m)	episentrumi	[episentrumi]

erupção (f)	purkaus	[purkaus]
lava (f)	laava	[lɑ:ʋɑ]

turbilhão (m)	pyörremyrsky	[pyørre·myrsky]
tornado (m)	tornado	[tornado]
tufão (m)	taifuuni	[tɑjfu:ni]

furacão (m)	hirmumyrsky	[hirmu·myrsky]
tempestade (f)	myrsky	[myrsky]
tsunami (m)	tsunami	[tsunami]

ciclone (m)	sykloni	[sykloni]
mau tempo (m)	koiranilma	[kojran·ilma]

incêndio (m)	**palo**	[palo]
catástrofe (f)	**katastrofi**	[katastrofi]
meteorito (m)	**meteoriitti**	[meteori:tti]
avalanche (f)	**lumivyöry**	[lumi·ʋyøry]
deslizamento (m) de neve	**lumivyöry**	[lumi·ʋyøry]
nevasca (f)	**pyry**	[pyry]
tempestade (f) de neve	**pyry**	[pyry]

FAUNA

87. Mamíferos. Predadores

predador (m)	peto	[peto]
tigre (m)	tiikeri	[ti:keri]
leão (m)	leijona	[leijona]
lobo (m)	susi	[susi]
raposa (f)	kettu	[kettu]
jaguar (m)	jaguaari	[jagua:ri]
leopardo (m)	leopardi	[leopardi]
chita (f)	gepardi	[gepardi]
pantera (f)	pantteri	[pantteri]
puma (m)	puuma	[pu:ma]
leopardo-das-neves (m)	lumileopardi	[lumi·leopardi]
lince (m)	ilves	[ilues]
coiote (m)	kojootti	[kojo:tti]
chacal (m)	sakaali	[saka:li]
hiena (f)	hyeena	[hye:na]

88. Animais selvagens

animal (m)	eläin	[elæjn]
besta (f)	peto	[peto]
esquilo (m)	orava	[oraua]
ouriço (m)	siili	[si:li]
lebre (f)	jänis	[jænis]
coelho (m)	kaniini	[kani:ni]
texugo (m)	mäyrä	[mæuræ]
guaxinim (m)	pesukarhu	[pesu·karhu]
hamster (m)	hamsteri	[hamsteri]
marmota (f)	murmeli	[murmeli]
toupeira (f)	maamyyrä	[ma:my:ræ]
rato (m)	hiiri	[hi:ri]
ratazana (f)	rotta	[rotta]
morcego (m)	lepakko	[lepakko]
arminho (m)	kärppä	[kærppæ]
zibelina (f)	soopeli	[so:peli]
marta (f)	näätä	[næ:tæ]
doninha (f)	lumikko	[lumikko]
vison (m)	minkki	[miŋkki]

castor (m)	**majava**	[majaʋa]
lontra (f)	**saukko**	[saukko]
cavalo (m)	**hevonen**	[heʋonen]
alce (m)	**hirvi**	[hirʋi]
veado (m)	**poro**	[poro]
camelo (m)	**kameli**	[kameli]
bisão (m)	**biisoni**	[bi:soni]
auroque (m)	**visentti**	[ʋisentti]
búfalo (m)	**puhveli**	[puhʋeli]
zebra (f)	**seepra**	[se:pra]
antílope (m)	**antilooppi**	[antilo:ppi]
corça (f)	**metsäkauris**	[metsæ·kauris]
gamo (m)	**kuusipeura**	[ku:si·peura]
camurça (f)	**gemssi**	[gemssi]
javali (m)	**villisika**	[ʋilli·sika]
baleia (f)	**valas**	[ʋalas]
foca (f)	**hylje**	[hylje]
morsa (f)	**mursu**	[mursu]
urso-marinho (m)	**merikarhu**	[meri·karhu]
golfinho (m)	**delfiini**	[delfi:ni]
urso (m)	**karhu**	[karhu]
urso (m) branco	**jääkarhu**	[jæ:karhu]
panda (m)	**panda**	[panda]
macaco (em geral)	**apina**	[apina]
chimpanzé (m)	**simpanssi**	[simpanssi]
orangotango (m)	**oranki**	[oraŋki]
gorila (m)	**gorilla**	[gorilla]
macaco (m)	**makaki**	[makaki]
gibão (m)	**gibboni**	[gibboni]
elefante (m)	**norsu**	[norsu]
rinoceronte (m)	**sarvikuono**	[sarʋi·kuono]
girafa (f)	**kirahvi**	[kirahʋi]
hipopótamo (m)	**virtahepo**	[ʋirta·hepo]
canguru (m)	**kenguru**	[keŋuru]
coala (m)	**pussikarhu**	[pussi·karhu]
mangusto (m)	**faaraorotta**	[fa:rao·rotta]
chinchila (m)	**sinsilla**	[sinsilla]
doninha-fedorenta (f)	**haisunäätä**	[hajsunæ:tæ]
porco-espinho (m)	**piikkisika**	[pi:kki·sika]

89. Animais domésticos

gata (f)	**kissa**	[kissa]
gato (m) macho	**kollikissa**	[kolli·kissa]
cão (m)	**koira**	[kojra]

cavalo (m)	hevonen	[heʋonen]
garanhão (m)	ori	[ori]
égua (f)	tamma	[tamma]
vaca (f)	lehmä	[lehmæ]
touro (m)	sonni	[sonni]
boi (m)	härkä	[hærkæ]
ovelha (f)	lammas	[lammas]
carneiro (m)	pässi	[pæssi]
cabra (f)	vuohi	[ʋuohi]
bode (m)	pukki	[pukki]
burro (m)	aasi	[aːsi]
mula (f)	muuli	[muːli]
porco (m)	sika	[sika]
leitão (m)	porsas	[porsas]
coelho (m)	kaniini	[kaniːni]
galinha (f)	kana	[kana]
galo (m)	kukko	[kukko]
pata (f)	ankka	[aŋkka]
pato (macho)	urosankka	[uros·aŋkka]
ganso (m)	hanhi	[hanhi]
peru (m)	uroskalkkuna	[uros·kalkkuna]
perua (f)	kalkkuna	[kalkkuna]
animais (m pl) domésticos	kotieläimet	[koti·elæjmet]
domesticado	kesy	[kesy]
domesticar (vt)	kesyttää	[kesyttæː]
criar (vt)	kasvattaa	[kasʋattaː]
quinta (f)	farmi	[farmi]
aves (f pl) domésticas	siipikarja	[siːpi·karja]
gado (m)	karja	[karja]
rebanho (m), manada (f)	lauma	[lauma]
estábulo (m)	hevostalli	[heʋos·talli]
pocilga (f)	sikala	[sikala]
estábulo (m)	navetta	[naʋetta]
coelheira (f)	kanikoppi	[kani·koppi]
galinheiro (m)	kanala	[kanala]

90. Pássaros

pássaro (m), ave (f)	lintu	[lintu]
pombo (m)	kyyhky	[kyːhky]
pardal (m)	varpunen	[ʋarpunen]
chapim-real (m)	tiainen	[tiajnen]
pega-rabuda (f)	harakka	[harakka]
corvo (m)	korppi	[korppi]

gralha (f) cinzenta	**varis**	[ʋaris]
gralha-de-nuca-cinzenta (f)	**naakka**	[nɑːkkɑ]
gralha-calva (f)	**mustavaris**	[musta·ʋaris]

pato (m)	**ankka**	[aŋkkɑ]
ganso (m)	**hanhi**	[hanhi]
faisão (m)	**fasaani**	[fasɑːni]

águia (f)	**kotka**	[kotkɑ]
açor (m)	**haukka**	[haukkɑ]
falcão (m)	**jalohaukka**	[jalo·haukkɑ]
abutre (m)	**korppikotka**	[korppi·kotkɑ]
condor (m)	**kondori**	[kondori]

cisne (m)	**joutsen**	[joutsen]
grou (m)	**kurki**	[kurki]
cegonha (f)	**haikara**	[hajkarɑ]

papagaio (m)	**papukaija**	[papukaija]
beija-flor (m)	**kolibri**	[kolibri]
pavão (m)	**riikinkukko**	[riːkiŋ·kukko]

avestruz (m)	**strutsi**	[strutsi]
garça (f)	**haikara**	[hajkarɑ]
flamingo (m)	**flamingo**	[flamiŋo]
pelicano (m)	**pelikaani**	[pelikɑːni]

rouxinol (m)	**satakieli**	[sata·kieli]
andorinha (f)	**pääskynen**	[pæːskynen]

tordo-zornal (m)	**rastas**	[rastas]
tordo-músico (m)	**laulurastas**	[laulu·rastas]
melro-preto (m)	**mustarastas**	[musta·rastas]

andorinhão (m)	**tervapääsky**	[terʋa·pæːsky]
cotovia (f)	**leivonen**	[lejʋonen]
codorna (f)	**viiriäinen**	[ʋiːriæjnen]

pica-pau (m)	**tikka**	[tikkɑ]
cuco (m)	**käki**	[kæki]
coruja (f)	**pöllö**	[pøllø]
corujão, bufo (m)	**huuhkaja**	[huːhkaja]
tetraz-grande (m)	**metso**	[metso]
tetraz-lira (m)	**teeri**	[teːri]
perdiz-cinzenta (f)	**peltopyy**	[pelto·pyː]

estorninho (m)	**kottarainen**	[kottarajnen]
canário (m)	**kanarialintu**	[kanaria·lintu]
galinha-do-mato (f)	**pyy**	[pyː]

tentilhão (m)	**peippo**	[pejppo]
dom-fafe (m)	**punatulkku**	[puna·tulkku]

gaivota (f)	**lokki**	[lokki]
albatroz (m)	**albatrossi**	[albatrossi]
pinguim (m)	**pingviini**	[piŋʋiːni]

91. Peixes. Animais marinhos

brema (f)	lahna	[lahna]
carpa (f)	karppi	[karppi]
perca (f)	ahven	[ahʋen]
siluro (m)	monni	[monni]
lúcio (m)	hauki	[hauki]

| salmão (m) | lohi | [loɦi] |
| esturjão (m) | sampi | [sampi] |

arenque (m)	silli	[silli]
salmão (m)	merilohi	[meri·loɦi]
cavala, sarda (f)	makrilli	[makrilli]
solha (f)	kampela	[kampela]

lúcio perca (m)	kuha	[kuɦa]
bacalhau (m)	turska	[turska]
atum (m)	tonnikala	[tonnikala]
truta (f)	taimen	[tajmen]

enguia (f)	ankerias	[aŋkerias]
raia elétrica (f)	rausku	[rausku]
moreia (f)	mureena	[mure:na]
piranha (f)	punapiraija	[puna·piraija]

tubarão (m)	hai	[haj]
golfinho (m)	delfiini	[delfi:ni]
baleia (f)	valas	[ʋalas]

caranguejo (m)	taskurapu	[tasku·rapu]
medusa, alforreca (f)	meduusa	[medu:sa]
polvo (m)	meritursas	[meri·tursas]

estrela-do-mar (f)	meritähti	[meri·tæhti]
ouriço-do-mar (m)	merisiili	[meri·si:li]
cavalo-marinho (m)	merihevonen	[meri·heʋonen]

ostra (f)	osteri	[osteri]
camarão (m)	katkarapu	[katkarapu]
lavagante (m)	hummeri	[hummeri]
lagosta (f)	langusti	[laŋusti]

92. Anfíbios. Répteis

| serpente, cobra (f) | käärme | [kæ:rme] |
| venenoso | myrkky-, myrkyllinen | [myrkky], [myrkyllinen] |

víbora (f)	kyy	[ky:]
cobra-capelo, naja (f)	silmälasikäärme	[silmælasi·kæ:rme]
pitão (m)	pyton	[pyton]
jiboia (f)	jättiläiskäärme	[jættilæjs·kæ:rme]
cobra-de-água (f)	turhakäärme	[turha·kæ:rme]

| cascavel (f) | kalkkarokäärme | [kalkkaro·kæ:rme] |
| anaconda (f) | anakonda | [anakonda] |

lagarto (m)	lisko	[lisko]
iguana (f)	iguaani	[igua:ni]
varano (m)	varaani	[ʋara:ni]
salamandra (f)	salamanteri	[salamanteri]
camaleão (m)	kameleontti	[kameleontti]
escorpião (m)	skorpioni	[skorpioni]

tartaruga (f)	kilpikonna	[kilpi·konna]
rã (f)	sammakko	[sammakko]
sapo (m)	konna	[konna]
crocodilo (m)	krokotiili	[krokoti:li]

93. Insetos

inseto (m)	hyönteinen	[hyøntejnen]
borboleta (f)	perhonen	[perhonen]
formiga (f)	muurahainen	[mu:raɦajnen]
mosca (f)	kärpänen	[kærpænen]
mosquito (m)	hyttynen	[hyttynen]
escaravelho (m)	kovakuoriainen	[koʋa·kuoriajnen]

vespa (f)	ampiainen	[ampiajnen]
abelha (f)	mehiläinen	[meɦilæjnen]
mamangava (f)	kimalainen	[kimalajnen]
moscardo (m)	kiiliäinen	[ki:liæjnen]

| aranha (f) | hämähäkki | [hæmæɦækki] |
| teia (f) de aranha | hämähäkinseitti | [hæmæɦækin·sejtti] |

libélula (f)	sudenkorento	[sudeŋ·korento]
gafanhoto-do-campo (m)	hepokatti	[hepokatti]
traça (f)	yöperhonen	[yø·perhonen]

barata (f)	torakka	[torakka]
carraça (f)	punkki	[puŋkki]
pulga (f)	kirppu	[kirppu]
borrachudo (m)	mäkärä	[mækæræ]

gafanhoto (m)	kulkusirkka	[kulku·sirkka]
caracol (m)	etana	[etana]
grilo (m)	sirkka	[sirkka]
pirilampo (m)	kiiltomato	[ki:lto·mato]
joaninha (f)	leppäkerttu	[leppæ·kerttu]
besouro (m)	turilas	[turilas]

sanguessuga (f)	juotikas	[juotikas]
lagarta (f)	toukka	[toukka]
minhoca (f)	kastemato	[kaste·mato]
larva (f)	toukka	[toukka]

FLORA

94. Árvores

árvore (f)	puu	[pu:]
decídua	lehti-	[lehti]
conífera	havu-	[havu]
perene	ikivihreä	[ikivihrea]
macieira (f)	omenapuu	[omena·pu:]
pereira (f)	päärynäpuu	[pæ:rynæ·pu:]
cerejeira (f)	linnunkirsikkapuu	[linnun·kirsikkapu:]
ginjeira (f)	hapankirsikkapuu	[hapan·kirsikkapu:]
ameixeira (f)	luumupuu	[lu:mu·pu:]
bétula (f)	koivu	[kojvu]
carvalho (m)	tammi	[tammi]
tília (f)	lehmus	[lehmus]
choupo-tremedor (m)	haapa	[ha:pa]
bordo (m)	vaahtera	[va:htera]
espruce-europeu (m)	kuusipuu	[ku:si·pu:]
pinheiro (m)	mänty	[mænty]
alerce, lariço (m)	lehtikuusi	[lehti·ku:si]
abeto (m)	jalokuusi	[jaloku:si]
cedro (m)	setri	[setri]
choupo, álamo (m)	poppeli	[poppeli]
tramazeira (f)	pihlaja	[pihlaja]
salgueiro (m)	paju	[paju]
amieiro (m)	leppä	[leppæ]
faia (f)	pyökki	[pyøkki]
ulmeiro (m)	jalava	[jalava]
freixo (m)	saarni	[sa:rni]
castanheiro (m)	kastanja	[kastanja]
magnólia (f)	magnolia	[magnolia]
palmeira (f)	palmu	[palmu]
cipreste (m)	sypressi	[sypressi]
mangue (m)	mangrove	[maŋrove]
embondeiro, baobá (m)	apinanleipäpuu	[apinan·lejpæpu:]
eucalipto (m)	eukalyptus	[eukalyptus]
sequoia (f)	punapuu	[puna·pu:]

95. Arbustos

arbusto (m)	pensas	[pensas]
arbusto (m), moita (f)	pensaikko	[pensajkko]

| videira (f) | viinirypäleet | [ʋi:ni·rypæle:t] |
| vinhedo (m) | viinitarha | [ʋi:ni·tarha] |

framboeseira (f)	vadelma	[ʋadelma]
groselheira-preta (f)	mustaherukka	[musta·herukka]
groselheira-vermelha (f)	punaherukka	[puna·herukka]
groselheira (f) espinhosa	karviainen	[karʋiajnen]

acácia (f)	akasia	[akasia]
bérberis (f)	happomarja	[happomarja]
jasmim (m)	jasmiini	[jasmi:ni]

junípero (m)	kataja	[kataja]
roseira (f)	ruusupensas	[ru:su·pensas]
roseira (f) brava	villiruusu	[ʋilli·ru:su]

96. Frutos. Bagas

fruta (f)	hedelmä	[hedelmæ]
frutas (f pl)	hedelmät	[hedelmæt]
maçã (f)	omena	[omena]
pera (f)	päärynä	[pæ:rynæ]
ameixa (f)	luumu	[lu:mu]

morango (m)	mansikka	[mansikka]
ginja (f)	hapankirsikka	[hapan·kirsikka]
cereja (f)	linnunkirsikka	[linnun·kirsikka]
uva (f)	viinirypäleet	[ʋi:ni·rypæle:t]

framboesa (f)	vadelma	[ʋadelma]
groselha (f) preta	mustaherukka	[musta·herukka]
groselha (f) vermelha	punaherukka	[puna·herukka]
groselha (f) espinhosa	karviainen	[karʋiajnen]
oxicoco (m)	karpalo	[karpalo]

laranja (f)	appelsiini	[appelsi:ni]
tangerina (f)	mandariini	[mandari:ni]
ananás (m)	ananas	[ananas]

| banana (f) | banaani | [bana:ni] |
| tâmara (f) | taateli | [ta:teli] |

limão (m)	sitruuna	[sitru:na]
damasco (m)	aprikoosi	[apriko:si]
pêssego (m)	persikka	[persikka]

| kiwi (m) | kiivi | [ki:ʋi] |
| toranja (f) | greippi | [grejppi] |

baga (f)	marja	[marja]
bagas (f pl)	marjat	[marjat]
arando (m) vermelho	puolukka	[puolukka]
morango-silvestre (m)	ahomansikka	[aho·mansikka]
mirtilo (m)	mustikka	[mustikka]

97. Flores. Plantas

flor (f)	kukka	[kukka]
ramo (m) de flores	kukkakimppu	[kukka·kimppu]
rosa (f)	ruusu	[ru:su]
tulipa (f)	tulppani	[tulppani]
cravo (m)	neilikka	[nejlikka]
gladíolo (m)	miekkalilja	[miekkalilja]
centáurea (f)	kaunokki	[kaunokki]
campânula (f)	kissankello	[kissan·kello]
dente-de-leão (m)	voikukka	[ʋoj·kukka]
camomila (f)	päivänkakkara	[pæjʋæn·kakkara]
aloé (m)	aaloe	[a:loe]
cato (m)	kaktus	[kaktus]
fícus (m)	fiikus	[fi:kus]
lírio (m)	lilja	[lilja]
gerânio (m)	kurjenpolvi	[kurjen·polʋi]
jacinto (m)	hyasintti	[hyasintti]
mimosa (f)	mimosa	[mimosa]
narciso (m)	narsissi	[narsissi]
capuchinha (f)	koristekrassi	[koriste·krassi]
orquídea (f)	orkidea	[orkidea]
peónia (f)	pioni	[pioni]
violeta (f)	orvokki	[orʋokki]
amor-perfeito (m)	keto-orvokki	[keto·orʋokki]
não-me-esqueças (m)	lemmikki	[lemmikki]
margarida (f)	kaunokainen	[kaunokajnen]
papoula (f)	unikko	[unikko]
cânhamo (m)	hamppu	[hamppu]
hortelã (f)	minttu	[minttu]
lírio-do-vale (m)	kielo	[kielo]
campânula-branca (f)	lumikello	[lumi·kello]
urtiga (f)	nokkonen	[nokkonen]
azeda (f)	suolaheinä	[suola·hejnæ]
nenúfar (m)	lumme	[lumme]
feto (m), samambaia (f)	saniainen	[saniajnen]
líquen (m)	jäkälä	[jækælæ]
estufa (f)	talvipuutarha	[talʋi·pu:tarha]
relvado (m)	nurmikko	[nurmikko]
canteiro (m) de flores	kukkapenkki	[kukka·peŋkki]
planta (f)	kasvi	[kasʋi]
erva (f)	ruoho	[ruoho]
folha (f) de erva	heinänkorsi	[hejnæŋ·korsi]

folha (f)	lehti	[lehti]
pétala (f)	terälehti	[teræ·lehti]
talo (m)	varsi	[ʋarsi]
tubérculo (m)	mukula	[mukula]

| broto, rebento (m) | itu | [itu] |
| espinho (m) | piikki | [piːkki] |

florescer (vi)	kukkia	[kukkia]
murchar (vi)	kuihtua	[kujhtua]
cheiro (m)	tuoksu	[tuoksu]
cortar (flores)	leikata	[lejkata]
colher (uma flor)	repiä	[repiæ]

98. Cereais, grãos

grão (m)	vilja	[ʋilja]
cereais (plantas)	viljat	[ʋiljat]
espiga (f)	tähkä	[tæhkæ]

trigo (m)	vehnä	[ʋehnæ]
centeio (m)	ruis	[rujs]
aveia (f)	kaura	[kaura]
milho-miúdo (m)	hirssi	[hirssi]
cevada (f)	ohra	[ohra]

milho (m)	maissi	[majssi]
arroz (m)	riisi	[riːsi]
trigo-sarraceno (m)	tattari	[tattari]

ervilha (f)	herne	[herne]
feijão (m)	pavut	[paʋut]
soja (f)	soija	[soija]
lentilha (f)	linssi	[linssi]
fava (f)	pavut	[paʋut]

PAÍSES DO MUNDO

99. Países. Parte 1

Afeganistão (m)	Afganistan	[afganistan]
África do Sul (f)	Etelä-Afrikka	[etelæ·afrikka]
Albânia (f)	Albania	[albania]
Alemanha (f)	Saksa	[saksa]
Arábia (f) Saudita	Saudi-Arabia	[saudi·arabia]
Argentina (f)	Argentiina	[argenti:na]
Arménia (f)	Armenia	[armeniæ]
Austrália (f)	Australia	[australia]
Áustria (f)	Itävalta	[itæualta]
Azerbaijão (m)	Azerbaidžan	[azerbajdʒan]
Bahamas (f pl)	Bahama	[bahama]
Bangladesh (m)	Bangladesh	[baŋladeʃ]
Bélgica (f)	Belgia	[belgia]
Bielorrússia (f)	Valko-Venäjä	[ualko·uenæjæ]
Bolívia (f)	Bolivia	[boliuia]
Bósnia e Herzegovina (f)	Bosnia ja Hertsegovina	[bosnia ja hertsegouina]
Brasil (m)	Brasilia	[brasilia]
Bulgária (f)	Bulgaria	[bulgaria]
Camboja (f)	Kambodža	[kambodʒa]
Canadá (m)	Kanada	[kanada]
Cazaquistão (m)	Kazakstan	[kazakstan]
Chile (m)	Chile	[tʃile]
China (f)	Kiina	[ki:na]
Chipre (m)	Kypros	[kypros]
Colômbia (f)	Kolumbia	[kolumbia]
Coreia do Norte (f)	Pohjois-Korea	[pohjois·korea]
Coreia do Sul (f)	Etelä-Korea	[etelæ·korea]
Croácia (f)	Kroatia	[kroatia]
Cuba (f)	Kuuba	[ku:ba]
Dinamarca (f)	Tanska	[tanska]
Egito (m)	Egypti	[egypti]
Emirados Árabes Unidos	Arabiemiirikuntien liitto	[arabi·emi:ri·kuntien li:tto]
Equador (m)	Ecuador	[ekuador]
Escócia (f)	Skotlanti	[skotlanti]
Eslováquia (f)	Slovakia	[slouakia]
Eslovénia (f)	Slovenia	[slouenia]
Espanha (f)	Espanja	[espanja]
Estados Unidos da América	Yhdysvallat	[yhdys·uallat]
Estónia (f)	Viro	[uiro]
Finlândia (f)	Suomi	[suomi]
França (f)	Ranska	[ranska]

100. Países. Parte 2

Gana (f)	**Ghana**	[gana]
Geórgia (f)	**Georgia**	[georgia]
Grã-Bretanha (f)	**Iso-Britannia**	[iso·britannia]
Grécia (f)	**Kreikka**	[krejkka]
Haiti (m)	**Haiti**	[haiti]
Hungria (f)	**Unkari**	[uŋkari]
Índia (f)	**Intia**	[intia]
Indonésia (f)	**Indonesia**	[indonesia]
Inglaterra (f)	**Englanti**	[eŋlanti]
Irão (m)	**Iran**	[iran]
Iraque (m)	**Irak**	[irak]
Irlanda (f)	**Irlanti**	[irlanti]
Islândia (f)	**Islanti**	[islanti]
Israel (m)	**Israel**	[israel]
Itália (f)	**Italia**	[italia]
Jamaica (f)	**Jamaika**	[jamajka]
Japão (m)	**Japani**	[japani]
Jordânia (f)	**Jordania**	[jordania]
Kuwait (m)	**Kuwait**	[kuʋajt]
Laos (m)	**Laos**	[laos]
Letónia (f)	**Latvia**	[latʋia]
Líbano (m)	**Libanon**	[libanon]
Líbia (f)	**Libya**	[libya]
Liechtenstein (m)	**Liechtenstein**	[lihtenʃtajn]
Lituânia (f)	**Liettua**	[liettua]
Luxemburgo (m)	**Luxemburg**	[lyksemburg]
Macedónia (f)	**Makedonia**	[makedonia]
Madagáscar (m)	**Madagaskar**	[madagaskar]
Malásia (f)	**Malesia**	[malesia]
Malta (f)	**Malta**	[malta]
Marrocos	**Marokko**	[marokko]
México (m)	**Meksiko**	[meksiko]
Myanmar (m), Birmânia (f)	**Myanmar**	[myanmar]
Moldávia (f)	**Moldova**	[moldoʋa]
Mónaco (m)	**Monaco**	[monako]
Mongólia (f)	**Mongolia**	[moŋolia]
Montenegro (m)	**Montenegro**	[monte·negro]
Namíbia (f)	**Namibia**	[namibiæ]
Nepal (m)	**Nepal**	[nepal]
Noruega (f)	**Norja**	[norja]
Nova Zelândia (f)	**Uusi-Seelanti**	[u:si·se:lanti]

101. Países. Parte 3

Países (m pl) Baixos	**Alankomaat**	[alaŋkoma:t]
Palestina (f)	**Palestiinalaishallinto**	[palesti:nalajs·hallinto]

Panamá (m)	Panama	[panama]
Paquistão (m)	Pakistan	[pakistan]
Paraguai (m)	Paraguay	[paraguaj]
Peru (m)	Peru	[peru]
Polinésia Francesa (f)	Ranskan Polynesia	[ranskan polynesia]

Polónia (f)	Puola	[puola]
Portugal (m)	Portugali	[portugali]
Quénia (f)	Kenia	[kenia]
Quirguistão (m)	Kirgisia	[kirgisia]
República (f) Checa	Tšekki	[tʃekki]
República (f) Dominicana	Dominikaaninen tasavalta	[dominika:ninen tasaualta]
Roménia (f)	Romania	[romania]

Rússia (f)	Venäjä	[uenæjæ]
Senegal (m)	Senegal	[senegal]
Sérvia (f)	Serbia	[serbia]
Síria (f)	Syyria	[sy:ria]
Suécia (f)	Ruotsi	[ruotsi]
Suíça (f)	Sveitsi	[suejtsi]
Suriname (m)	Suriname	[suriname]

Tailândia (f)	Thaimaa	[thajma:]
Taiwan (m)	Taiwan	[tajuan]
Tajiquistão (m)	Tadžhikistan	[tadʒikistan]
Tanzânia (f)	Tansania	[tansania]
Tasmânia (f)	Tasmania	[tasmania]
Tunísia (f)	Tunisia	[tunisia]
Turquemenistão (m)	Turkmenistan	[turkmenistan]

Turquia (f)	Turkki	[turkki]
Ucrânia (f)	Ukraina	[ukrajna]
Uruguai (m)	Uruguay	[uruguaj]
Uzbequistão (f)	Uzbekistan	[uzbekistan]
Vaticano (m)	Vatikaanivaltio	[uatika:ni·ualtio]
Venezuela (f)	Venezuela	[uenezuela]
Vietname (m)	Vietnam	[ujetnam]
Zanzibar (m)	Sansibar	[sansibar]